汽车维修职业技能培训教程

汽车动力系统检测与维修

主　编　阳　亮　杨玲玲
副主编　窦　捷　卢　义　苏宇锋　谭克诚
　　　　陈满秀　黄宇靖　陆　洋
参　编　许明疆　王海文　张金丽
　　　　翟　毅　卫兴奥　周　钰

机械工业出版社

《汽车动力系统检测与维修》紧密结合目前汽车动力系统检测与维修生产实际，内容符合融"教—学—做"为一体的教学方法和要求，能够满足高等职业教育推行工学结合人才培养模式的发展需要。

本书共分六章，以汽车动力系统检测与维修为主线，采用理论与实践操作相结合的编写模式，内容包括发动机免拆诊断、发动机拆解检查、发动机组装、汽油发动机电控系统基础、传感器的原理和诊断及执行器的原理和诊断。此外，还包括实训指导和练习测试题。本书较全面地阐述了汽车动力系统的结构、工作原理，以及拆卸、安装、调试、故障诊断与排除方法。

本书可作为高等职业院校、高等专科院校、成人高校、民办高校，以及本科院校二级职业技术学院汽车检测与维修技术及相关专业的教学用书，也可作为汽车维修技术人员及相关从业人员的业务参考书及培训用书。

图书在版编目（CIP）数据

汽车动力系统检测与维修/阳亮，杨玲玲主编. —北京：机械工业出版社，2020.4

汽车维修职业技能培训教程

ISBN 978-7-111-64842-0

Ⅰ.①汽… Ⅱ.①阳… ②杨… Ⅲ.①汽车-动力系统-检测-高等职业教育-教材②汽车-动力系统-车辆修理-高等职业教育-教材　Ⅳ.①U463

中国版本图书馆 CIP 数据核字（2020）第 033461 号

机械工业出版社（北京市百万庄大街 22 号　邮政编码 100037）
策划编辑：连景岩　孟　阳　责任编辑：孟　阳　赵　帅　连景岩
责任校对：杜雨霏　　　　　　封面设计：马精明
责任印制：孙　炜
天津翔远印刷有限公司印刷
2020 年 5 月第 1 版第 1 次印刷
184mm×260mm・13 印张・317 千字
0001—1900 册
标准书号：ISBN 978-7-111-64842-0
定价：39.90 元

电话服务　　　　　　　　　网络服务
客服电话：010-88361066　　机　工　官　网：www.cmpbook.com
　　　　　010-88379833　　机　工　官　博：weibo.com/cmp1952
　　　　　010-68326294　　金　书　网：www.golden-book.com
封底无防伪标均为盗版　机工教育服务网：www.cmpedu.com

Preface 前言

随着我国汽车工业的快速发展，汽车技术日新月异，新结构、新系统、新装置在汽车上的应用不断增多。这就要求职业院校不断培养能够适应汽车技术发展的汽车运用与维修人才。本书基于汽车维修技师应掌握的汽车动力系统检测与维修知识及相关技能编写。

本书的编写结合了汽车4S店的技术服务实践，具有较强的针对性，较好地贯彻了素质教育的思想，力求体现以人为本的理念，从行业岗位群的知识和技能要求出发，结合对学生创新能力和职业道德方面的要求。

本书针对相关教学方法，融"教-学-做"为一体，将课堂与实训室融合，力求提高学生的职业技能，同时提升教学质量。

本书有如下特点：

1. 理论与实践相结合：本书将理论学习与实践学习融为一体，有利于提高学生的实际操作能力。

2. 引导读者主动学习：学生根据自己的实际操作项目填写实训指导任务工单，并进行数据处理与分析，把理论知识应用到实践中，将理论知识转化为实用技能。

参加本书编写的人员分工如下：阳亮编写第二章；杨玲玲编写第三章；窦捷、卢义、谭克诚和陆洋编写第六章；周钰、张金丽和翟毅编写第一章。苏宇锋和陈满秀编写第四章；黄宇靖、许明疆、王海文和卫兴奥编写第五章。本书的编写工作得到了上汽通用五菱公司市场与网络部工作人员的悉心指导，在此表示衷心感谢。

编者在写作过程中参考了大量的资料和文献，在此向原作者表示感谢。

由于编者水平有限，书中难免有疏漏之处，恳请读者批评指正。

编　者

Contents 目录

前言
安全注意事项 …………………………………… 1
第一章　发动机免拆诊断 ………………………… 2
　第一节　进气系统检测 ………………………… 2
　　一、气缸压缩压力测试 ……………………… 2
　　二、气缸泄漏测试 …………………………… 4
　　三、典型气缸压缩压力测试 ………………… 5
　第二节　排气系统检测 ………………………… 7
　　一、曲轴箱窜气检查 ………………………… 7
　　二、排烟诊断 ………………………………… 8
　第三节　润滑系统诊断 ………………………… 8
　　一、机油压力测试 …………………………… 9
　　二、机油消耗检测 ………………………… 12
　　三、典型机油压力测试 …………………… 13
　第四节　冷却系统测试 ……………………… 14
　　一、冷却系统循环过程 …………………… 14
　　二、冷却系统高温原因分析 ……………… 16
　　三、膨胀罐盖压力测试 …………………… 19
　　四、冷却系统泄漏测试 …………………… 21
　　五、节温器的检测 ………………………… 22
　　六、典型冷却系统测试 …………………… 22
　　七、冷却液进入燃烧室诊断 ……………… 23
　　八、冷却液混入机油 ……………………… 24
　第五节　发动机噪声诊断 …………………… 24
　　一、噪声产生的原理与诊断 ……………… 24
　　二、典型发动机噪声诊断流程 …………… 27
　　三、案例学习 ……………………………… 32
　第六节　学习成果自检 ……………………… 32
　第七节　发动机免拆诊断实训 ……………… 33
　　任务 1：气缸压缩压力检测 ……………… 33
　　任务 2：发动机冷却系统检测 …………… 34
　　任务 3：机油压力测试 …………………… 35

　　任务 4：运用噪声诊断原则识别音频文件
　　　　　　中的噪声类型 …………………… 36
　　讨论 ………………………………………… 37
　第八节　章练习题 …………………………… 38
第二章　发动机拆解检查 ……………………… 39
　第一节　发动机附件拆卸 …………………… 39
　第二节　配气机构检测 ……………………… 54
　　一、正时链检测 …………………………… 54
　　二、气门组件检测 ………………………… 54
　　三、凸轮轴检测 …………………………… 55
　第三节　气缸盖与气缸体检测 ……………… 56
　　一、气缸盖变形检查 ……………………… 56
　　二、气缸内径测量 ………………………… 56
　第四节　活塞连杆检测 ……………………… 58
　　一、连杆检测 ……………………………… 58
　　二、活塞检测 ……………………………… 59
　第五节　曲轴检测 …………………………… 60
　　一、曲轴检测方法 ………………………… 60
　　二、案例学习 ……………………………… 62
　第六节　学习成果自检 ……………………… 62
　第七节　发动机拆解检查实训 ……………… 63
　　任务 1：发动机分解 ……………………… 63
　　任务 2：发动机部件的检查和测量 ……… 64
　第八节　章练习题 …………………………… 66
第三章　发动机组装 …………………………… 67
　第一节　曲轴和主轴瓦安装 ………………… 68
　第二节　活塞和连杆轴瓦的安装 …………… 69
　　一、活塞环组装 …………………………… 69
　　二、活塞及连杆组装 ……………………… 69
　第三节　气缸盖组件的安装 ………………… 70
　　一、气缸垫及气缸盖的安装 ……………… 70
　　二、气门组件的安装 ……………………… 71

第四节 凸轮轴组件的安装 ………………… 71
    一、气门挺柱的安装 ……………………… 71
    二、进、排气凸轮轴的安装 ……………… 71
    三、凸轮轴链轮的安装 …………………… 73
    四、曲轴链轮的安装 ……………………… 73
第五节 正时链的安装 ……………………… 73
    一、正时链的安装步骤 …………………… 73
    二、正时链张紧器的安装 ………………… 75
第六节 气门间隙检查及调整方法 ………… 76
    一、气门间隙检查 ………………………… 76
    二、一汽丰田某款车气门间隙检查
        调整方法 ……………………………… 77
第七节 发动机前盖和机油泵的安装 ……… 80
    一、前盖安装 ……………………………… 80
    二、机油泵安装 …………………………… 80
第八节 机油滤清器和油底壳安装 ………… 81
    一、机油滤清器的安装 …………………… 81
    二、油底壳的安装 ………………………… 81
第九节 曲轴前后油封的安装 ……………… 83
    一、曲轴前油封的安装 …………………… 83
    二、曲轴后油封的安装 …………………… 83
第十节 飞轮和曲轴带轮的安装 …………… 84
    一、飞轮的安装 …………………………… 84
    二、曲轴带轮的安装 ……………………… 84
    三、案例学习 ……………………………… 84
第十一节 学习成果自检 …………………… 85
第十二节 发动机组装实训 ………………… 86
    任务：发动机组装 ………………………… 86
第十三节 章练习题 ………………………… 87

第四章 汽油发动机电控系统基础 ………… 90
第一节 电控系统的功能和组成 …………… 90
    一、电控系统功能 ………………………… 90
    二、电控系统的组成 ……………………… 94
第二节 传感器和执行器的类型 …………… 97
    一、传感器分类 …………………………… 97
    二、执行器分类 …………………………… 98
    三、案例学习 ……………………………… 99
第三节 学习成果自检 ……………………… 100
第四节 章练习题 …………………………… 100

第五章 传感器的原理和诊断 ……………… 102
第一节 压力传感器 ………………………… 102
第二节 转速位置传感器的原理和诊断 …… 105
    一、磁电式转速位置传感器 ……………… 105
    二、霍尔式转速位置传感器 ……………… 107
    三、典型位置传感器 ……………………… 111
第三节 位移传感器的原理和诊断 ………… 118
    一、滑动电阻式位移传感器 ……………… 118
    二、霍尔式位移传感器 …………………… 120
    三、典型电子节气门及其位置传感器 …… 123
第四节 氧传感器的原理和诊断 …………… 127
    一、空燃比和理论空燃比 ………………… 127
    二、氧传感器的作用 ……………………… 127
    三、氧传感器的结构 ……………………… 127
    四、氧传感器的工作原理 ………………… 128
    五、前氧传感器的诊断 …………………… 129
    六、后氧传感器的诊断 …………………… 131
    七、典型氧传感器 ………………………… 132
第五节 热敏电阻式温度传感器的
        原理和诊断 …………………………… 134
    一、热敏电阻式温度传感器的结构 ……… 134
    二、热敏电阻式温度传感器的原理 ……… 135
    三、其他应用 ……………………………… 135
    四、热敏电阻式温度传感器的诊断 ……… 135
    五、典型冷却液温度传感器 ……………… 136
第六节 爆燃传感器的原理和诊断 ………… 137
    一、爆燃传感器的作用 …………………… 137
    二、爆燃传感器的安装位置 ……………… 137
    三、爆燃传感器的结构 …………………… 138
    四、爆燃传感器的工作原理 ……………… 138
    五、典型爆燃传感器 ……………………… 139
    六、爆燃传感器的诊断实例 ……………… 141
    七、案例学习 ……………………………… 141
第七节 学习成果自检 ……………………… 142
第八节 传感器的原理和诊断实训 ………… 142
    任务1：进气压力传感器的检查和
            诊断 …………………………… 142
    任务2：曲轴位置传感器的检查和
            诊断 …………………………… 144
    任务3：节气门位置传感器和加速
            踏板位置传感器的检查和
            诊断实训 ……………………… 145
    任务4：氧传感器的检查和
            实训 …………………………… 146
    任务5：冷却液温度传感器和爆燃
            传感器的检查和诊断实训 …… 148
第九节 章练习题 …………………………… 150

第六章　执行器的原理和诊断 …… 152

第一节　燃油泵的原理和诊断 …… 152
一、燃油泵的作用 …… 152
二、燃油泵的结构与原理 …… 152
三、燃油泵的控制 …… 153
四、燃油泵电路的诊断 …… 154
五、燃油泵性能诊断 …… 154
六、典型燃油泵 …… 155

第二节　喷油器的原理和诊断 …… 156
一、喷油器的作用 …… 156
二、喷油器的结构 …… 156
三、喷油器控制原理 …… 157
四、喷油器电路的诊断 …… 158
五、喷油器性能检测 …… 159
六、典型喷油器 …… 159

第三节　点火系统的原理和诊断 …… 162
一、点火系统的作用 …… 162
二、点火系统的分类 …… 163
三、单缸独立点火系统工作原理 …… 163
四、双缸同时点火系统工作原理 …… 164
五、点火线圈的诊断 …… 166
六、典型点火线圈 …… 166

第四节　火花塞的原理和诊断 …… 170
一、火花塞的作用 …… 170
二、火花塞的结构与原理 …… 170
三、火花塞的热值 …… 171
四、火花塞的检查 …… 171

第五节　电子节气门的原理和诊断 …… 173
一、电子节气门的作用 …… 173
二、电子节气门的结构 …… 173
三、电子节气门的诊断 …… 174

第六节　可变进气歧管（VIM）系统的原理和诊断 …… 174
一、VIM 的作用 …… 174
二、VIM 的组成 …… 175
三、VIM 系统的控制原理 …… 175
四、VIM 的诊断 …… 176

第七节　燃油蒸发控制系统（EVAP）电磁阀的原理和诊断 …… 177
一、EVAP 电磁阀的作用 …… 177
二、EVAP 电磁阀的结构与原理 …… 177
三、EVAP 电磁阀的诊断 …… 177
四、典型 EVAP 电磁阀 …… 178

第八节　散热风扇的控制原理与诊断 …… 180
一、散热风扇的作用 …… 180
二、典型散热风扇 …… 180

第九节　学习成果自检 …… 181

第十节　执行器的原理和诊断实训 …… 182
任务 1：燃油泵和喷油器的检查和诊断实训 …… 182
任务 2：点火线圈的检查和诊断实训 …… 184
任务 3：VIM 电磁阀和 EVAP 电磁阀的检查和诊断实训 …… 185

第十一节　章练习题 …… 186

附录 …… 188
附录 A　奇瑞 A3 ECU 端子定义 …… 188
附录 B　丰田卡罗拉发动机线束位置连接图 …… 189

参考文献 …… 199

安全注意事项

汽车维护作业注意事项

1）佩戴安全防护眼镜以保护眼睛。
2）在被举升的车辆下作业时,应使用安全支架。
3）确保点火开关始终处于 OFF 位,除非另有要求。
4）在车内工作时,应施加驻车制动。如果是自动变速器车型,则应将变速杆置于 P（驻车）位,除非要求置于其他档位。如果是手动变速器车型,则应将变速杆置于倒档（发动机熄火时）或空档（发动机运转时）,除非要求置于其他档位。
5）在进行与发动机相关的作业时,必须使用尾气抽排设备,以防一氧化碳中毒。
6）在发动机运转时,身体及随身衣物应远离转动部件,尤其是散热风扇和传动带。
7）为防止严重烫伤,应避免接触高温金属部件,例如散热器、排气歧管、三元催化转化器和消声器。
8）维护作业现场不得吸烟。
9）为避免受伤,开始作业前应摘掉戒指、手表和项链,不要穿宽松的衣服,长头发应挽起固定于脑后。
10）不得接触散热风扇叶片,因为散热风扇随时会因发动机温度升高而转动。确保散热风扇的电源完全断开后,才能在其附近作业。

特别警告

1）许多制动摩擦片都含有石棉纤维,吸入石棉粉尘可能导致癌症,因此在对制动器进行维修时,应避免吸入粉尘。
2）用压缩空气或干刷方式清洁车辆时,从行车制动器和离合器总成处扬起的粉尘或污垢可能含有有害健康的石棉纤维。
3）行车制动器总成和离合器面应使用石棉纤维专用吸尘器进行清洁。粉尘和污垢应使用可防止粉尘暴扬的方法处置,例如使用密封袋。密封袋必须标有国家职业安全和卫生部门的使用说明,并将袋中所装物质告知垃圾承运人。
4）如果没有用于盛装石棉纤维的真空袋,则清洁工作必须在水湿状态下进行。如果仍然会产生粉尘,则作业人员应佩戴经国家认证的有毒粉尘过滤净化功能的口罩。

第一章　发动机免拆诊断

●学习要点：

1）进气系统检测。
2）排气系统检测。
3）润滑系统诊断。
4）冷却系统测试。
5）发动机噪声诊断。

●学习目标：

1）能够掌握进气系统检测方法。
2）能够掌握排气系统检测方法。
3）能够解释润滑系统机械测试方法和分析思路。
4）能够解释冷却系统机械测试方法和分析思路。
5）能够复述常见发动机噪声诊断要点。

第一节　进气系统检测

进气系统检测，主要包括气缸压缩压力测试和气缸泄漏测试。

通过气缸压缩压力测试可以有效地判断发动机的缸压是否正常，并可初步判断导致缸压不足的原因。

通过气缸泄漏测试既可以确定压力泄漏点出现在进气门、排气门、活塞环还是水套上，也可以确定是否存在相邻气缸之间的气缸垫泄漏问题。

一、气缸压缩压力测试

足够的气缸压缩压力是确保发动机正常工作的条件之一。如果气缸压缩压力不足，则可能会导致发动机出现起动困难、怠速不稳、加速不良等故障。

气缸压缩压力测试是检查发动机缸压是否正常的最常用方法，只要故障现象表明与气缸压力相关，就可以考虑进行此项测试。正确进行此项测试可以使技师确定压力不足的气缸。

气缸压缩压力测试一般可以分为干测试和湿测试两个阶段。

1. 干测试

为了检查气缸的密封性，需要对气缸压力进行测量。正确方法如下：

1）保证蓄电池电量充足。
2）预热发动机至正常工作温度。
3）保证发动机断油、断火。

4）拆下所有火花塞。

5）将气缸压力表正确接入火花塞安装口。节气门保持在完全开启位置，使气流不受限制地进入气缸。

6）点火开关置于起动档，使起动机运转，进而使各缸完成4~5个压缩行程。当观察到压力表读数不再上升时停止。

7）记下各缸压力值，并计算最大与最小压力的差值。查找维修手册，判断测得的气缸压力是否符合标准，如图1-1所示。

以下原因可能会导致气缸压力不足，如图1-2所示。

图1-1 气缸压力测试

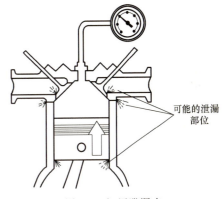

图1-2 缸压泄漏点

1）气门：气门锥面烧蚀、气门弯曲或折断、气门间隙调整不当、正时链或正时带安装不正确。

2）气门座：气门座烧蚀。

3）活塞：活塞头部烧熔。

4）气缸垫：气缸垫烧穿或损坏。

5）气缸盖/体平面：平面度误差不符合要求。

6）活塞环：气环卡滞、弹性不足。

7）气缸内壁：磨损严重。

气缸压力过高的原因：如果测得的气缸压缩压力高于规定值，则表明压缩比已经改变，原因是燃烧室尺寸减小，一般是严重积炭，或者不规范维修——镗削缸盖过度造成的。

2. 湿测试

若在干测试中压缩压力偏低，则应进行压缩压力湿测试，以更加准确地确定缸压泄漏的部位。湿测试的正确方法如下：

1）向压力偏低的燃烧室中添加适量机油。

2）将发动机曲轴转动几圈，使机油均匀分布，安装压力表，重新按照干测试的方法测试气缸压力。

3）将湿测试的结果与干测试比较。

如果添加机油后此缸的压缩压力有明显提高，则泄漏点出现在活塞环与气缸壁的配合处。因为机油对磨损的活塞环有暂时密封的作用，使压力得以升高。

如果添加机油后此缸的压缩压力依然较低，则泄漏点可能是配气机构、气缸垫、气缸盖/体平面或者活塞头等。

具体是哪一个部件出现泄漏，可通过其他方法进一步测试。例如，如果干测试时相邻气缸的压力持续较低，则原因可能是气缸垫损坏或者气缸盖平面变形。

可以利用内窥镜对气缸内和气门进行检查，如图1-3所示。

检查活塞顶部是否有烧熔或碰伤痕迹，以及积炭是否过多。

检查缸套是否划伤，缸壁上是否有积炭（其原因可能是缸套失圆，容易导致烧机油）。

检查第一道活塞环与上止点处的磨损情况，初步判断气缸的磨损程度，结合气缸压力值对发动机状况做出准确的判断。

如果气门处于开启状态，则可检查气门密封环状况。

二、气缸泄漏测试

通过气缸压缩压力测试，可以确定哪一个气缸有问题。而为了准确确定此气缸的泄漏点，还可以进行气缸泄漏测试。通过气缸泄漏测试，可以确定压力泄漏点出现在进气门、排气门、活塞环还是水套上，也可以确定是否存在相邻气缸之间的气缸垫泄漏问题。

气缸泄漏测试使用的工具是气缸泄漏测试仪。

气缸泄漏测试方法如图1-4所示。

1）起动并预热发动机至正常工作温度。

2）卸下火花塞、机油加注口盖、空气滤清器。

3）将被测的气缸置于压缩行程上止点，这样可以保证进、排气门都处于关闭状态。

4）打开散热器盖，以防损坏冷却系统。由于加到气缸的压力较大，水套泄漏可能损坏冷却系统。另外，如果水套泄漏还可以观察到气泡。

5）按照测试仪的使用说明，向各气缸施加压力，实施测试程序。注意：维修厂的测试空气源的压力最小值为483kPa，最大值为1379kPa，推荐的压力值是552kPa。

6）观察测试仪的压力泄漏量。所有气缸的表上压力值均应相等，每个气缸的泄漏率不得大于25%。例如，输入压力为552kPa时，气缸中的压力至少应保持在414kPa以上。

若压力损失过大，则应检查漏气位置，以下为可能出现漏气的部位及原因：

图1-3 气缸内检查

图1-4 气缸泄漏测试

1）进气管泄气：进气门烧蚀、弯曲，或气门间隙不正确。
2）排气管泄气：排气门烧蚀、弯曲，或气门间隙不正确。
3）机油加注口泄气：活塞环卡滞或破损、活塞烧熔、气缸壁过度磨损。
4）散热器泄气：气缸垫至水套烧穿，或气缸盖/体变形。
5）相邻气缸泄漏超过50%：相邻气缸之间的气缸垫泄漏，或气缸盖/体上有裂纹。

三、典型气缸压缩压力测试

1. 上汽通用五菱宝骏560发动机（1.5T）气缸压缩压力测试

注意事项：断开曲轴位置传感器插头，禁用燃油和点火系统。按照以下程序检查发动机压缩压力：

1）运行发动机至冷却液温度上升到70~80℃。
2）关闭发动机，断开曲轴位置传感器。
3）蓄电池电量必须充满或接近充满。
4）拆下点火线圈，在拆下点火线圈前先确保周围无杂物，以防杂物掉进气缸内。
5）拆下所有火花塞。
6）安装气缸压力表A至气缸压力表适配器B上，将气缸压力表适配器B安装到需要测量的缸口上，如图1-5所示。注意不要使用工具拧紧，使用工具拧紧容易用力过大，损坏缸体。

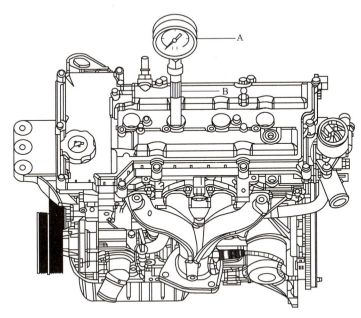

图1-5 将气缸压力表适配器B安装到需要测量的缸口上

7）一个人踩下加速踏板至节气门完全打开，同时起动发动机，使用起动机驱动曲轴，另一个人读取压力表读数稳定后的最大值。
8）数据分析：发动机转速为200r/min时的平均压力为1.41MPa，误差为±3%。此外，各缸压力是迅速而均匀地增加到正常值的。

① 活塞环故障：若第一次压缩行程的压力不高，且此后逐渐增加但达不到正常值范围，加入机油后才能达到正常范围，则表明活塞环可能有故障。

② 气门故障：若第一次压缩行程的压力不高，且此后逐渐增加但达不到正常值范围，加入机油后仍未达到正常范围，则气门可能有故障。

9）测量完成后，安装好火花塞并拧紧，拧紧力矩为（23±3）N·m。

2. 2012款一汽大众迈腾发动机（1.8T）气缸压缩压力测试

注意事项：机油温度至少应为30℃；蓄电池电压至少为12.7V。

1）所需专用工具和维修设备。

① 火花塞扳手3122B（图1-6）或Hazet 4766-1。

② 顶拔器T40039（图1-7）或Hazet 1849-10。

③ 压缩压力检验仪V.A.G 1763（图1-8）。

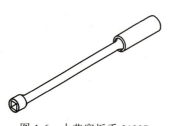

图1-6 火花塞扳手3122B

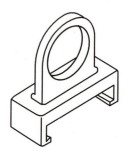

图1-7 顶拔器T40039

图1-8 压缩压力检验仪V.A.G 1763

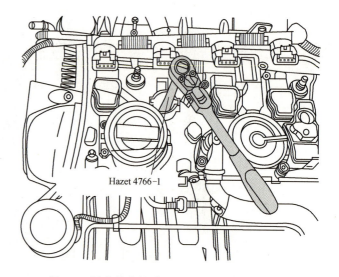

图1-9 用火花塞扳手Hazet 4766-1拧出火花塞

2）断开燃油输送单元和喷油阀的熔丝。

3）拆卸带功率输出级的点火线圈。

4）用火花塞扳手Hazet 4766-1拧出所有火花塞，如图1-9所示。

5）用压缩压力检测仪V.A.G 1763和适配接头V.A.G 1381/1、V.A.G 1381/5A检测压

缩压力，如图 1-10 所示。

6）将压缩压力检测仪放入火花塞的安装孔中，沿图 1-10 箭头方向压紧。

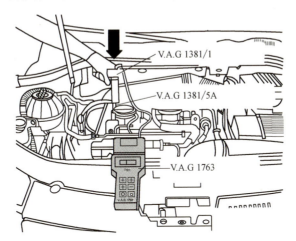

图 1-10　用压缩压力检测仪检测压缩压力

7）完全踩下加速踏板，操纵起动机，直至检测仪显示的压力值不再上升。

正常的压力值为 1.1～1.4MPa；磨损极限压力值为 0.7MPa；气缸之间的压差最大为 0.3MPa。

第二节　排气系统检测

排气系统检测，主要包括曲轴箱窜气诊断与排烟诊断。曲轴箱窜气诊断可以有效判断发动机是否因为曲轴箱强制通风（PCV）系统导致机油消耗过量，或存在机油泄漏等故障。排烟诊断可以有效判断发动机是否存在内部泄漏、混合气浓度过大或烧机油等故障。

一、曲轴箱窜气检查

发动机在运行过程中，气缸的高压燃气会透过活塞环窜入曲轴箱。如果窜气严重，则会导致曲轴箱压力过大，必须将高压燃气排出曲轴箱。

PCV 系统的作用是将高压燃气从曲轴箱中抽出，然后回送到进气歧管再次参与燃烧。该系统有助于防止发动机中的油污积存后影响油道中的机油流动或腐蚀轴承，还可防止有毒蒸气（主要是 HC）进入大气造成污染，如图 1-11 所示。

PCV 阀内部有一个楔形阀，此阀受弹簧压缩，其大头侧安装在气门室盖上，与曲轴箱相通，其小头侧与进气歧管相通，

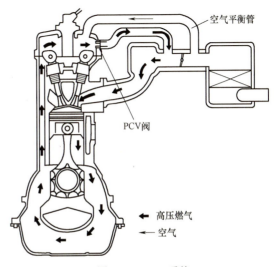

图 1-11　PCV 系统

如图 1-12 所示。

当发动机停机时，楔形阀被弹簧压紧，阀座处于关闭位置。

当发动机怠速运转时，进气歧管真空度最大，楔形阀阀体被吸到最右侧位置，此时该阀开度最小。

当发动机负荷增加时，进气歧管真空度相对较小，楔形阀阀体处在靠左侧的位置（但不关闭），此时该阀开度最大。

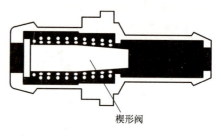

图 1-12　PCV 阀

PCV 系统故障诊断：

1）如果 PCV 阀堵塞，则可能导致空气平衡管窜气量过大，此时节气门体容易被机油污染，空气滤清器中可能会沉积过多机油。

2）如果 PCV 阀和空气平衡管同时堵塞，则可能使曲轴箱内压力过高，导致曲轴的前、后油封泄漏。

3）如果 PCV 阀的空气平衡管堵塞，则可能导致曲轴箱内的机油在进气歧管的真空作用下抽出，从而造成机油消耗过快。

4）如果 PCV 阀开度过大，则会导致机油消耗过快。

二、排烟诊断

发动机在起动、加速或减速时，通常在排气管出口处可以看到烟气，通过观察烟气的颜色，可诊断发动机存在的故障及其原因。

通常能观察到的烟气有白烟、黑烟、蓝灰烟。

（1）白烟

烟气呈白色，主要是水分受热蒸发所致。导致这种现象的原因如下：

1）气温较低时，水蒸气在排气管内凝结，高温废气对其进行加热，使其变成水蒸气。这是一种正常的现象，且白烟很快就会消失。

2）发动机内部的冷却液渗入气缸，在发动机工作时变为水蒸气并排到车外。这表明冷却系统存在泄漏故障，需要进行冷却系统泄漏测试。

（2）黑烟

烟气呈黑色，主要是混合气过浓，燃油未充分燃烧所致。造成这种现象通常是喷油控制系统方面的问题而不是发动机机械方面的问题，因此需要根据发动机控制方面的其他信息综合判断。

（3）蓝灰烟

烟气呈蓝灰色，主要是机油进入燃烧室所致。

造成这种情况的原因包括 PCV 系统故障、气门油封损坏、气门导管磨损、活塞环损坏或气缸壁磨损等。

第三节　润滑系统诊断

润滑系统的主要作用是润滑发动机的机械部件，以减小发动机部件的运行阻力、降低功率损失，并延长发动机的使用寿命。另外，润滑系统还有清洗、防锈与密封等作用。

油泵产生压力后，通过机油滤清器给曲轴、凸轮轴等元件提供润滑。图 1-13 所示为上汽通用五菱 L2B 发动机润滑系统的机油循环图；图 1-14 所示为一汽大众迈腾 1.8TSI 发动机油底壳和机油泵装配图；图 1-15 所示为一汽大众迈腾 1.8TSI 发动机机油滤清器和机油冷却器装配图。

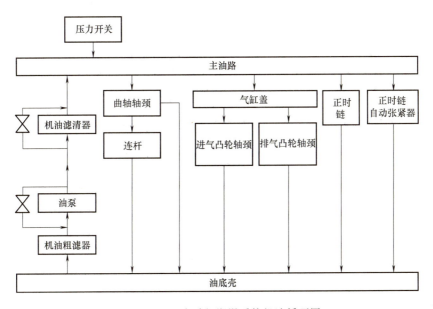

图 1-13 L2B 发动机润滑系统机油循环图

发动机润滑系统的故障现象主要包括机油压力不足、机油消耗过量与机油泄漏。发动机润滑系统的诊断项目主要包括机油压力测试、机油消耗与机油泄漏检测。

一、机油压力测试

发动机机械部件摩擦表面需用机油进行润滑，此外机油还有冷却及清洗摩擦表面的作用。如果机油压力不足，则无法确保机油正常输送到各部件的摩擦表面，进而造成发动机损坏。为了判断发动机的机油压力是否正常，可进行机油压力测试。机油压力过高或过低都需要修理。

1. 进行机油压力测试前需检查的润滑系统问题

1）机油压力过低警告灯点亮。

2）机油量不足。

3）机油黏度不正常。

4）机油呈泡沫状。

5）机油中混入了冷却液或者其他液体。

6）机油滤清器堵塞。

7）发动机转速过低。

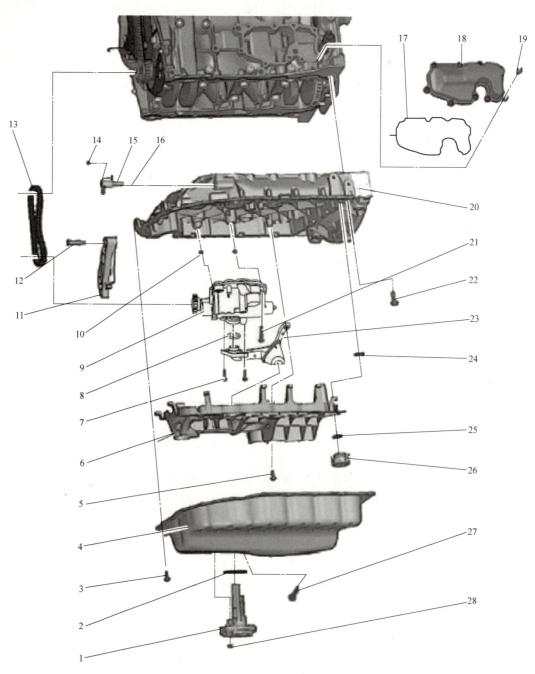

图1-14 一汽大众迈腾1.8TSI发动机油底壳和机油泵装配图

1—机油油位和机油温度传感器G266 2、17—密封件 3、5、7、12、14、19、21、22—螺栓 4—油底壳下部件
6—挡油板 8、16、24、25—O形圈 9—机油泵 10—定心套 11—机油泵驱动链张紧器
13—机油泵驱动链 15—机油压力调节阀N428 18—机油粗滤器 20—油底壳上部件
23—吸油管 26—止回阀 27—放油螺塞 28—螺母

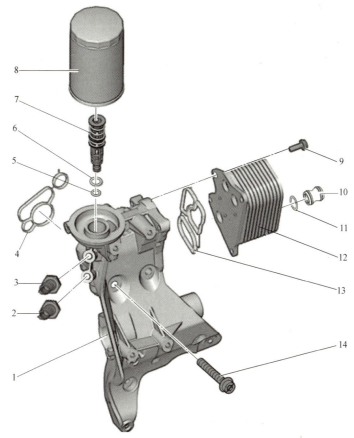

图 1-15 一汽大众迈腾 1.8TSI 发动机机油滤清器和机油冷却器装配图
1—辅助动力总成支架 2—机油压力开关（F22） 3—机油压力低压开关（F378） 4、13—密封件 5、6—O 形圈
7—阀门总成 8—机油滤清器 9、14—螺栓 10—管接头 11—密封环 12—机油冷却器

2. 机油压力测试过程

以上问题都解决后，即可进行机油压力测试：

1）拆卸机油压力开关。

2）将机油压力表安装到机油压力开关安装孔中。

3）预热发动机，使冷却液温度达到 75~85℃。

4）使发动机怠速运转，查看机油压力测量值，正常情况下应大于 250kPa。

5）使发动机转速提高至 4000r/min，查看机油压力测量值，正常情况下应在 274.4~333kPa 之间，如图 1-16 所示。

6）关闭发动机，拆下机油压力表。

7）用螺纹锁固剂涂抹机油压力开关螺

图 1-16 机油压力测量

纹，装好机油压力开关。

3. 机油压力过低的原因

1）机油滤清器座固定螺栓松动、O形圈缺失或损坏，或机油滤清器堵塞。
2）机油泵与发动机机体间的螺栓松动。
3）机油泵粗滤器堵塞或损坏，机油泵粗滤器O形圈缺失或损坏。
4）机油泵磨损或脏污，机油泵壳体开裂。
5）机油油道孔塞缺失或安装不当。
6）凸轮轴中间传动轴螺栓松动。
7）曲轴主轴承、连杆轴承、凸轮轴轴承等部件安装间隙过大。
8）机油油道开裂、有孔隙或堵塞。

二、机油消耗检测

发动机的"机油消耗"是指发动机正常运转所消耗的机油量。在任何情况下，都不得将"机油消耗"的概念与油底壳、气缸盖等的机油泄漏相混淆。

发动机的机油消耗分为外部渗漏和内部消耗两部分。

内部消耗是指燃烧掉的机油量，发动机正常工作时，气缸壁上的机油会随活塞的上下运行窜至气缸内部，从而被燃烧掉。也就是说，机油消耗是发动机的正常工作所导致的，因此无法完全避免。但机油消耗过多，会给发动机带来故障隐患。为此，必须定期检查发动机机油的剩余量，如果机油消耗过多，则需要进行检修。

机油尺总成仅用于检查而不用于测量。检查机油油位前，发动机必须熄火至少2min。如果加注量达到最大，但油位并未达到机油尺总成的上限刻度，则可能是制造误差造成的。

如某型号车的维修手册中规定，车辆每行驶1000km发动机消耗0.75L以上机油表明机油消耗过多。

1. 机油消耗过多的原因

1）机油向外泄漏。
2）车辆连续高速行驶，或者长距离大负荷工作。
3）曲轴箱强制通风（PCV）系统性能不良。
4）气门油封损坏。
5）活塞/活塞环安装不当或活塞环卡滞。
6）气缸壁过度磨损。

上述原因中后4项的渗出机油都会随混合气一起燃烧，因此从排气管的尾气中可以看到蓝灰色烟。此时如果拆卸火花塞，还可能看到火花塞头部有大量油污或积炭。

2. PCV系统故障的机油消耗

发动机运转时，飞溅润滑使得机油油滴随曲轴箱窜气被PCV阀吸到进气歧管，最后进入气缸燃烧。如果PCV阀黏滞在最大开启位置，则会造成发动机在怠速时机油消耗过多。

3. 气门油封损坏或气门导管磨损的机油消耗

气门油封损坏或气门导管磨损时，机油从气门室盖沿气门导管进入气缸，并被燃烧。为了判断机油消耗过多是否源于气门油封损坏，可以将发动机熄火放置一段时间后再起动，此时发动机会排出许多蓝烟，且排烟逐渐减少。

4. 活塞环损坏或气缸壁磨损的机油消耗

机油从活塞环处进入气缸是无法避免的,但如果活塞环损坏或者气缸壁磨损过度,则会造成机油消耗过多。为了判断机油消耗过多是否源于活塞环损坏或者气缸壁磨损,可以将发动机暖机并以2500r/min左右的转速运转,反复踩下加速踏板。当发动机转速升高时,排烟逐渐变浓。

三、典型机油压力测试

以2012款一汽大众迈腾1.8TSI发动机为例进行机油压力测试。

1. 专用工具和维修设备

1)机油压力测试仪V.A.G 1342,如图1-17所示。
2)电压测试仪V.A.G 1527B,如图1-18所示。
3)测量辅助工具套件V.A.G 1594C,如图1-19所示。
4)套筒扳手T40175,如图1-20所示。

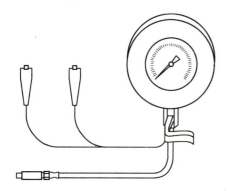

图1-17 机油压力测试仪V.A.G 1342

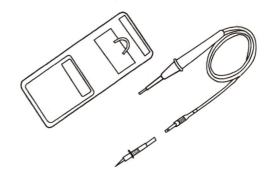

图1-18 电压测试仪V.A.G 1527B

图1-19 测量辅助工具套件V.A.G 1594C

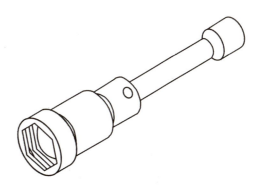

图1-20 套筒扳手T40175

2. 测试条件

1)机油油位正常。
2)机油温度最低为80℃(散热风扇必须运行过一次)。

3. 测试机油压力

提示:在辅助动力总成支架下方放置一块抹布,以收集溢出的机油。

1）脱开机油压力低压开关 F378（棕色）上的插头 2，如图 1-21 所示。

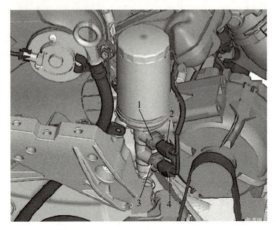

图 1-21　脱开机油压力低压开关 F378（棕色）上的插头 2
1—机油压力低压开关　2、4—插头　3—机油压力高压开关

2）拧出机油压力低压开关 F378。
3）将机油压力测试仪 V.A.G 1342 拧入机油滤清器支架。
4）将机油压力低压开关 F378 拧入机油压力测试仪 V.A.G 1342。
5）起动发动机。
① 怠速运转时的机油压力为 1.2~2.1MPa。
② 转速为 2000r/min 时的机油压力为 1.6~2.1MPa。
③ 转速为 3700r/min 时的机油压力为 3.0~4.0MPa。

提示：在首次行驶 1000km 的过程中，转速为 2000r/min 时的机油压力应处于 0.3~0.4MPa 之间。如果低于此范围，则应检查进油管的粗滤器是否脏污并检测机油压力调节阀 N428。机械性损伤，如轴承损伤也可能造成机油压力过低。

第四节　冷却系统测试

冷却系统测试的目的是判断散热器、水管以及发动机内部的水道是否存在泄漏故障。主要的测试程序有冷却系统高温分析、散热器盖压力测试、静态测试、内部泄漏检查和燃烧泄漏测试。

一、冷却系统循环过程

冷却系统主要由水套、节温器、冷却液泵、散热器、膨胀罐以及管路构成。冷却液的循环路径分为两种：大循环和小循环。在节温器没有打开的情况下，冷却系统进行小循环；节温器打开后，冷却系统进行大循环。图 1-22 所示为上汽通用五菱宝骏 730 L2B 发动机冷却系统循环示意图，图 1-23 所示为上汽通用五菱宝骏 730（1.8L）发动机冷却系统部件图，图 1-24 所示为上汽通用五菱宝骏 730（1.8L）发动机冷却系统循环示意图，图 1-25 所示为上汽通用五菱宝骏 560（1.5T）发动机冷却系统部件图，图 1-26 所示为上汽通用五菱宝骏 560（1.5T）发动机冷却系统循环示意图。图 1-27~图 1-30 所示为 2012 款一汽大众迈腾

1.8TSI 发动机冷却系统相关部件图。

  L2B 发动机的节温器安装在冷却液泵的进水口处。当冷却液温度低于 82℃ 时，节温器没有打开，发动机实现小循环，作用是让发动机快速预热，减小发动机磨损。小循环管路有两条，一条通过节气门流入膨胀罐，再被冷却液泵通过小循环回路抽回缸体；另一条通过空调系统的暖风水箱后，被冷却液泵通过小循环回路抽回到缸体。当冷却液温度达到 82℃ 时，节温器打开，此时冷却液通过发动机出水口进入散热器，散去部分热量后通过冷却液泵进水管又被重新吸入发动机，从而实现大循环，防止发动机冷却液温度过高。

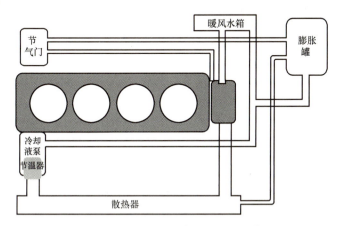

图 1-22　L2B 发动机冷却系统循环示意图

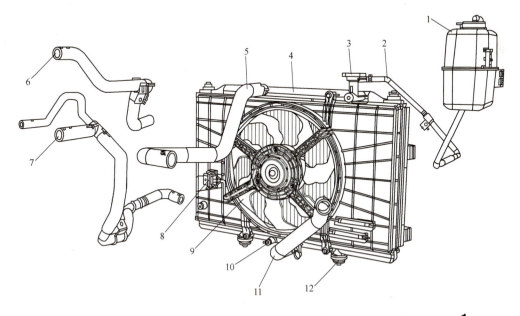

图 1-23　上汽通用五菱宝骏 730（1.8L）发动机冷却系统部件图
1—膨胀罐　2—散热器到膨胀罐连接管　3—散热器压力密封盖　4—散热器　5—散热器进水管
6—散热器出水软管　7—散热器进水软管　8—散热风扇调速电阻　9—散热风扇总成
10—散热器放水螺塞　11—散热器出水管　12—散热器缓冲垫

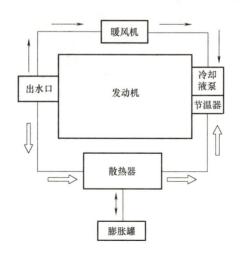

图 1-24　上汽通用五菱宝骏 730（1.8L）发动机冷却系统循环示意图

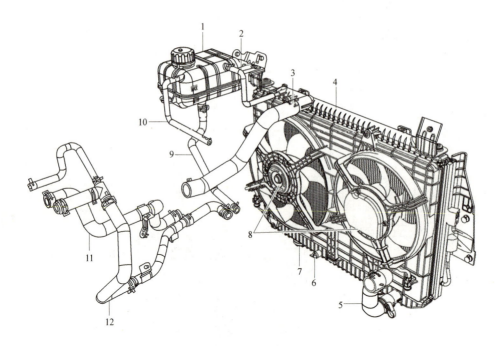

图 1-25　上汽通用五菱宝骏 560（1.5T）发动机冷却系统部件图
1—膨胀罐　2—散热器到膨胀罐连接管　3—散热器进水管　4—散热器　5—散热器出水管
6—散热器放水螺塞　7—散热器缓冲垫　8—散热风扇总成　9—膨胀罐回水管
10—膨胀罐进水管　11—散热器进水软管　12—散热器出水软管总成

二、冷却系统高温原因分析

导致冷却系统高温的原因很多，冷却系统的部件损坏或性能不良都会导致发动机冷却液温度升高。主要原因如下：

1）各种原因的渗漏造成冷却液不足而导致的高温，管路中存在气阻。可以起动发动机,在怠速状态下观察冷却系统小水管是否来水连续、水流和水压正常,以此判断系统是否存在空气。如果小水管水流小、来水断断续续,则说明系统有空气、或冷却液品质不佳、或有水垢等造成水循环不良。

2)节温器在大循环时没有打开或者开度过小。节温器故障产生的高温相对容易判断。可以用红外线测温仪检查节温器是否打开。如果节温器两端管道的温度差异较大,则说明节温器没有打开,但这种检测方式不能判断节温器是否完全打开。

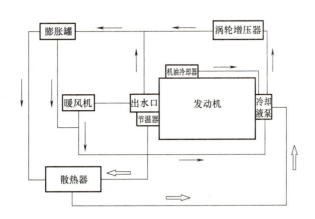

图1-26 上汽通用五菱宝骏560(1.5T)发动机冷却系统循环示意图

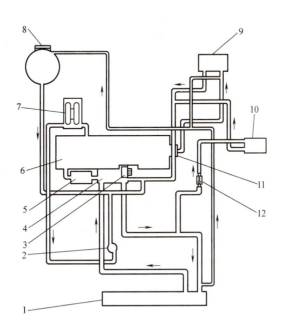

图1-27 一汽大众迈腾1.8TSI发动机冷却液软管连接图
1—散热器 2—冷却液继续循环泵(V51) 3—冷却液泵 4—冷却液调节器 5—机油冷却器
6—气缸盖和气缸体 7—废气涡轮增压器 8—冷却液膨胀罐 9—加热装置热交换器
10—变速器油冷却器 11—冷却液管接头 12—变速器油冷却器的冷却液调节器

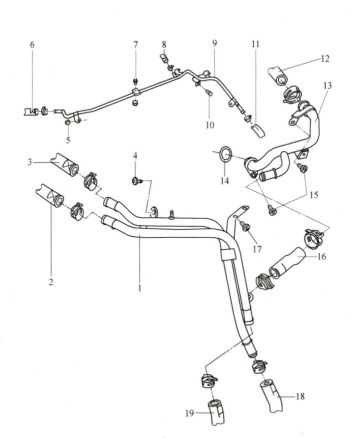

图 1-28 一汽大众迈腾 1.8TSI 发动机冷却液管装配图
1—前部冷却液管 2、3、6、8、11、12、16、18、19—冷却液软管 4、5、7、10、15、17—螺栓
9—上部小冷却液管 13—小冷却液管 14—O 形圈

3）膨胀罐盖漏水或者压力阀封闭不严。

4）散热器过脏、堵塞造成其散热能力下降。可以用红外线测温仪检查散热器的散热能力。在节温器打开和散热风扇运转的条件下，测量散热器上下水管表面，其温差在 7~15℃ 之间说明散热能力正常。如果温差过大，则首先考虑冷却液流量不足问题；如果温差过小，则首先考虑散热器散热不足问题。

5）冷却液泵损坏。冷却液泵损坏造成的冷却液温度过高也比较容易判断，可以通过观察膨胀罐小水管的水流是否够大来判断冷却液泵是否正常工作。

6）冷却系统内部泄漏。外部无明显渗漏的车辆多次维修后，若仍出现缺少冷却液的情况，则考虑是否是缸垫、缸盖等内部部件出现故障所致。缸垫碎裂的原因可能是缸垫本身存在问题或者冷却系统曾出现高温。缸垫碎裂点与燃烧室相通后，冷却液被吸入气缸燃烧，尾气中水分明显过多，且有明显异味。

7）散热风扇及其电路出现异常导致风扇散热能力差或者不工作。散热风扇散热不良引起的高温，故障原因可能是熔断器、继电器、散热风扇损坏，风扇及电子控制单元（ECU）控制电路故障，冷却液温度传感器指示温度不准，线路接触不良等。

第一章 发动机免拆诊断

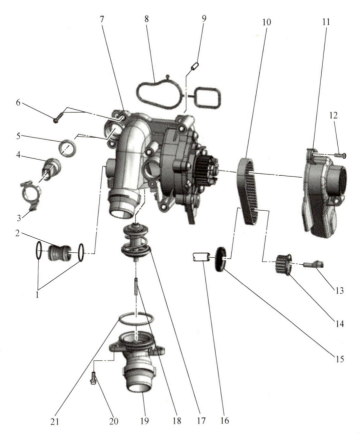

图 1-29　一汽大众迈腾 1.8TSI 发动机冷却液泵和节温器装配图
1、5、21—O 形圈　2—连接管件　3—固定夹　4—冷却液温度传感器　6、12、13、20—螺栓　7—冷却液泵
8—密封垫　9—定位销　10—正时带　11—正时带盖罩　14—正时带驱动轮
15—轴密封环　16—平衡轴　17—节温器　18—定位销　19—连接管

三、膨胀罐盖压力测试

1. 膨胀罐盖

膨胀罐盖中有两个阀，一个是压力阀，另一个是真空阀，如图 1-31 所示。

压力阀的开启压力要高于大气压，以保证冷却系统中有足够的压力，这样可使冷却液的沸点提高，即使冷却液的温度已经超过 100℃，冷却系统也不会出现"开锅"的现象。

当冷却系统温度下降时，冷却液收缩，这时冷却系统内部可能会出现真空状态，此时真空阀打开，让部分空气进入膨胀罐，平衡冷却系统内的压力，防止冷却系统管路吸瘪。

2. 膨胀罐盖检测程序

1）清洗膨胀罐盖和真空/压力阀上的杂质。

2）检查膨胀罐盖的真空/压力阀是否损坏或变形，如果有则更换膨胀罐盖。

3）借助转接头将膨胀罐盖安装到冷却系统压力测试器上。

4）加压到 120kPa，等待 10s，观察压力测试器的指针是否回落。如果膨胀罐盖压力阀过早打开，则说明压力阀损坏，需要更换膨胀罐盖，如图 1-32 所示。

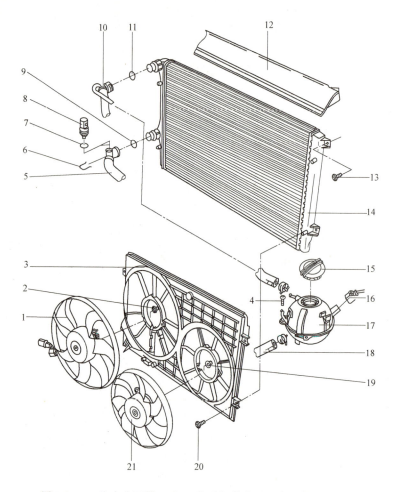

图1-30 一汽大众迈腾1.8TSI发动机散热器和散热风扇装配图

1—散热风扇（V7） 2、19—螺母 3—风扇护罩 4、13、20—螺钉 5—下部冷却液软管 6—固定夹 7、9、11—O形圈 8—散热器出口处的冷却液温度传感器G83 10—上部冷却液软管 12—挡板 14—散热器 15—膨胀罐盖 16—冷却液不足显示传感器G32 17—膨胀罐 18—冷却液软管 21—风扇2（V177）

图1-31 膨胀罐盖

图1-32 膨胀罐盖测试

四、冷却系统泄漏测试

冷却系统泄漏测试分为静态测试和燃烧泄漏测试两种。

1. 静态测试

1）待发动机冷却液温度降低后，拧下膨胀罐上的散热器盖。

2）添加冷却液至正常液位。

3）把冷却系统压力测试仪安装到膨胀罐加注口上。向冷却系统加压，注意压力不得超过120kPa。

4）观察测试仪的指针状态是否能保持稳定，有无回落现象，如图1-33所示。

5）静态测试结果分析。

① 指针保持稳定。如果指针维持稳定达2min以上，则表明冷却系统不存在泄漏故障。然而，系统内部泄漏在这种测试压力下可能检测不到，对此需要进一步进行内部泄漏测试。

② 指针缓慢下降。表明存在轻微泄漏或渗漏，可以用手电观察散热器及其他冷却系统部件是否出现渗漏或轻微泄漏现象。

图1-33 冷却系统静态测试

③ 指针快速下降。表明正发生严重的泄漏，需要对系统进行外部泄漏检查。如果从外表面看不到泄漏，则进行内部泄漏测试。内部泄漏测试可以判断冷却液是否渗漏到机油中，常用的方法是：拆下发动机油底壳的放油螺塞，放出少量机油，从排出的机油状态判断是否存在内部泄漏。如果油底壳中存在冷却液，则冷却液会首先排出，因为其密度比机油大。运转发动机以搅动机油，快速取出机油尺检查机油中是否有水珠。

2. 燃烧泄漏测试

燃烧泄漏测试可以方便地判断冷却系统与气缸压缩系统之间是否存在泄漏情况。测试方法如下：

1）预热发动机至正常工作温度。

2）停机并小心拆下膨胀罐盖，将冷却系统测试仪装在膨胀罐加注口上。

3）运转发动机，观察测试仪指针，若压力很快上升，则表明存在燃烧泄漏故障。这通常是由气缸垫泄漏或发动机开裂造成的。

如果压力没有很快增长，则通过测试仪向冷却系统加压，直到指示压力达到110kPa。此时如果表针摆动，则表明压缩或燃烧气体已泄漏到冷却系统中。

3. 注意事项

1）冷却系统加压时，压力值不要超过110kPa，因为如果系统存在燃烧泄漏，则压力会很快上升。

2）不要让发动机运转时间过长，以免过热。

3）拆下测试仪时要小心，不要一次性快速拧开测试仪的膨胀罐盖超过1/2圈。

五、节温器的检测

当发动机冷却液达到预定温度时,节温器中的石蜡就会膨胀,进而克服弹簧的压力,打开阀门,使冷却液进行大循环。

如果节温器开启时间过晚,则可能会造成发动机冷却液温度过高,因此需要检查节温器的开启温度和最大开度时的温度。

如图1-34所示,将节温器放在盛有水的容器中,逐渐加热,同时观察温度计的读数。对于L2B发动机,节温器开始打开时的温度为(82±3)℃,节温器完全打开时(一般大于7mm)的温度为(95±3)℃。

注意:即使节温器的开启温度和全开温度都正确,如果全开时的阀门提升量不足,也可能会造成发动机冷却液温度过高。

安装节温器时,要确保放气阀与节温器壳上的配合标记对准,如果没有配合标记,则要将放气阀朝上安装。

图1-34 节温器检测

六、典型冷却系统测试

下面以一汽大众迈腾1.8TSI发动机为例,讲解检查冷却系统密封性的方法。

1. 专用工具和维修设备

1) 冷却系统检测设备 FVN V.A.G 1274,如图1-35所示。
2) 冷却系统检测设备的适配接头 FVN V.A.G 1274/8,如图1-36所示。
3) 冷却系统检测设备的适配接头 FVN V.A.G 1274/9,如图1-37所示。

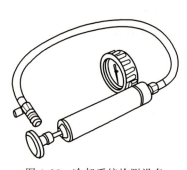

图1-35 冷却系统检测设备 FVN V.A.G 1274

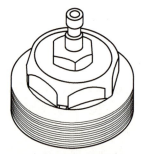

图1-36 冷却系统检测设备的适配接头 FVN V.A.G 1274/8

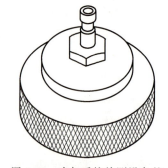

图1-37 冷却系统检测设备的适配接头 FVN V.A.G 1274/9

2. 检查冷却系统的密封性

发动机已达到工作温度,注意热水蒸气和热冷却液可能会造成烫伤。

1) 打开膨胀罐盖。
2) 将冷却系统检测设备连同冷却系统检测设备的适配接头安装在膨胀罐上,如图1-38

所示。

3) 用检测设备的手动泵施加约 100kPa 的过压。

4) 如果压力下降,则查找泄漏点并排除故障。

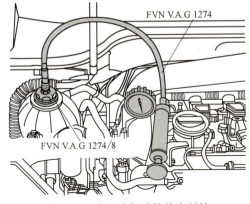

图 1-38　检查冷却系统的密封性

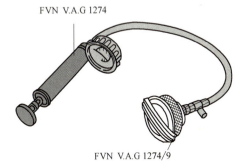

图 1-39　检查膨胀罐盖上的安全阀

3. 检查膨胀罐盖上的安全阀

1) 将冷却系统检测设备连同冷却系统检测设备的适配接头安装在膨胀罐盖上,如图 1-39 所示。

2) 按动冷却系统检测设备。当过压达到 140～160kPa 时,安全阀必须打开。当过压达到 140～160kPa 时,如果安全阀未打开,则表明膨胀罐盖上的安全阀损坏,应更换膨胀罐盖。

七、冷却液进入燃烧室诊断

以上汽通用五菱宝骏 560(1.5T)发动机为例进行说明。

冷却液进入燃烧室的定义:从排气管中排出过量白烟和/或带有冷却液气味的气体,表明冷却液可能进入燃烧室。冷却液液位过低、散热风扇不工作或节温器故障都可能导致冷却液温度过高的状况,从而导致发动机零部件损坏。冷却液进入燃烧室故障的检查与诊断见表 1-1。

表 1-1　上汽通用五菱宝骏 560(1.5T)发动机冷却液进入燃烧室故障的检查与诊断

检查	操作
初步检查	检查并确认不存在外部冷却液泄漏现象
隔离相应的气缸	1)使用诊断仪进行气缸动力平衡测试 2)冷却系统增压 3)压缩压力测试
废气再循环系统检查	1)检查废气再循环阀和进气系统是否存在明显的冷却液泄漏现象 2)如果发现故障,则更换废气再循环阀
气缸垫泄漏	1)拆下相应气缸缸组的气缸盖并检查气缸垫是否损坏 2)必要时更换气缸垫
气缸盖或气缸体损坏	1)检查气缸盖是否有裂纹 2)检查气缸体是否损坏 3)检查气缸体与气缸盖的接合面是否平整 4)必要时更换气缸盖或气缸体

八、冷却液混入机油

以上汽通用五菱宝骏560（1.5T）发动机为例进行说明。

如果机油呈泡沫状、变色或加注过量，则表明冷却液可能进入发动机曲轴箱。冷却液液位过低、散热风扇不工作或节温器故障可能导致冷却液温度过高的状况，从而导致发动机零部件损坏。此时应更换被污染的机油和机油滤清器。冷却液混入机油故障的检查与诊断见表1-2。

表1-2 上汽通用五菱宝骏560（1.5T）发动机冷却液混入机油故障的检查与诊断

检查	操作
气缸垫损坏	必要时更换气缸垫和相关密封件
气缸盖翘曲	更换气缸垫
气缸盖开裂	更换气缸盖和气缸垫
气缸体开裂	必要时更换气缸体
气缸盖、气缸体或进/排气歧管有孔隙	必要时更换气缸盖、气缸垫、气缸体或进/排气歧管
机油冷却器泄漏	必要时更换机油冷却器

第五节 发动机噪声诊断

在发动机的运行过程中，一些机械故障往往会造成异常噪声。但因为噪声的特殊性，维修技师有时很难准确判断噪声的来源及故障原因。

为了提高发动机噪声诊断的效率，需要考虑以下四个因素：
1）噪声的响度。如果是清脆声，则说明受力较小。如果是沉闷声，则说明受力较大。
2）噪声出现的条件。例如冷车还是热车。
3）噪声出现的频率。
4）噪声在发动机上出现的位置。

一、噪声产生的原理与诊断

下面根据发动机噪声产生的常见部位，分析其特点及产生的原因。主要包括以下方面：

（1）主轴承噪声

如图1-40所示，主轴承损坏或磨损产生的噪声较沉闷，如沉闷的砰击声或敲击声，其出现位置通常靠近气缸体下方。发动机曲轴每转一圈主轴承噪声出现一次，转速越高，噪声的频率越高。

当发动机在大负荷下运转时，主轴承噪声达到最大。因此，有时松开发动机附件的传动带时主轴承噪声会明显降低。

造成主轴承噪声的原因主要有：

1）机油压力过低，机油过稀，机油和/或机油滤清器

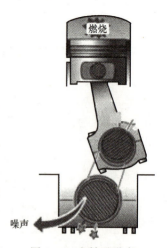

图1-40 主轴承噪声

过脏。

2）曲轴主轴颈磨损过度，造成间隙过大或失圆。

3）主轴承磨损过度，导致间隙过大。

4）主轴承盖过松。

5）曲轴轴向间隙过大。

6）飞轮松动，曲轴带轮过松。

（2）连杆轴承噪声

连杆轴承损坏或磨损后，在所有转速下都会产生敲击声，且敲击声随发动机转速提高而增大，在急减速时噪声最明显。

造成连杆轴承噪声的原因主要有：

1）机油压力过低，机油过稀，机油和/或机油滤清器过脏。

2）连杆轴颈磨损过度，造成间隙过大或失圆。

3）连杆轴承磨损过度，导致间隙过大。

4）连杆轴承型号不正确，或安装错位。

5）连杆轴承盖螺栓紧固力矩不足。

6）连杆装反。

（3）活塞销噪声

活塞销磨损过度后会造成活塞销与安装孔之间的配合间隙过大，如图1-41所示。

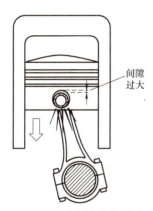

图1-41 活塞销噪声原理

图1-42 活塞销噪声特点

活塞销磨损过度的噪声是尖锐的双敲击声，在发动机怠速运行或突然加速再减速时通常能清晰听到，如图1-42所示。

（4）活塞敲缸声

活塞与气缸壁磨损过度会造成两者之间的配合间隙过大，从而导致发动机在运行时形成类似金属敲击声的活塞敲缸声。发动机工作过程中，由压缩行程过渡到做功冲程时，活塞受到的爆炸压力使其方向突然改变并敲击气缸壁，如图1-43所示。

活塞敲缸声的特点之一是在发动机预热后噪声下降，如图1-44所示。而当发动机冷起动时，活塞与缸套之间的配合间隙大，活塞敲缸声较明显。

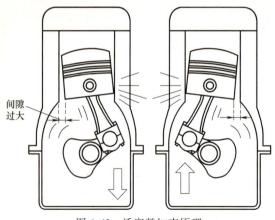

图 1-43 活塞敲缸声原理

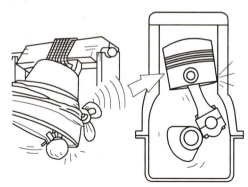

图 1-44 活塞敲缸声特点

（5）气门间隙异响

气门间隙异响是气门间隙过大造成的，当发动机转速提高时，噪声随之提高，如图1-45所示。调整气门间隙可以排除气门间隙异响。

（6）正时带过松

正时带安装过松会造成正时带与带轮之间的摩擦力过小，使正时带在运动时跳齿，从而产生噪声，如图1-46所示。该噪声好像用一根木棍按在旋转的车轮上时产生的噪声。

图 1-45 气门间隙异响特点

图 1-46 正时带过松的噪声特点

正时带安装过紧，会造成正时带运动时摩擦力过大，进而产生噪声。该噪声就像强风吹过时产生的噪声一样，如图1-47所示。

（7）正时链噪声

装备正时链的发动机，如果正时链松动，则可能在正时端盖处产生"喀啦喀啦"的噪声。该噪声在发动机转速降低时较为明显。正时链噪声产生的主要原因是正时链松动、张紧器损坏和张紧器导轨磨损严重等。

图 1-47 正时带过紧的噪声特点

二、典型发动机噪声诊断流程

下面以上汽通用五菱宝骏 560（1.5T）发动机噪声诊断为例说明典型发动机噪声诊断流程。

1. 发动机缺火且发动机内部下方有异常噪声的诊断流程

其诊断流程见表 1-3。

表 1-3　发动机缺火且发动机内部下方有异常噪声的诊断流程

故障原因	措　　施
传动带异常（严重开裂、隆起或部分缺失）	传动带和/或相关部件出现异常时，可能导致发动机转速变化及发动机下部出现异常噪声，且会导致缺火故障。实际无缺火故障时，也可能出现缺火故障码 1）检查附件传动部件 2）修理或更换所有损坏的部件
传动部件磨损、损坏、错位或带轮跳动量过大	实际无缺火故障时，也可能出现缺火故障码 1）检查附件传动部件 2）修理或更换所有损坏的部件
曲轴带轮松动和/或损坏	实际无缺火故障时，也可能出现缺火故障码 1）检查曲轴带轮和带轮螺栓 2）修理或更换损坏的部件
与变速器连接的螺栓松动	实际无缺火故障时，也可能出现缺火故障码 1）检查变矩器螺栓和飞轮 2）修理或更换所有损坏的部件
飞轮松动和/或损坏	实际无缺火故障时，也可能出现缺火故障码 1）检查飞轮和飞轮连接螺栓 2）修理或更换所有损坏的部件
活塞与气缸之间的间隙过大	1）执行气缸泄漏和压缩压力测试 2）检查活塞、活塞环和气缸孔 3）修理或更换所有损坏的部件
曲轴推力轴承间隙过大	曲轴止推面和/或推力轴承止推面过度磨损，会使曲轴前后移动，并在实际无缺火故障的情况下产生缺火故障码 1）检查曲轴轴向间隙和曲轴推力轴承 2）修理或更换所有损坏的部件

2. 发动机缺火且气门组件有异常噪声的诊断流程

其诊断流程见表 1-4。

表 1-4　发动机缺火且气门组件有异常噪声的诊断流程

故障原因	措　　施
气门驱动件松动、磨损或损坏	1）检查气门驱动件 2）修理或更换所有损坏的部件
气门弹簧刚度过低、折断	1）检查气门弹簧 2）修理或更换所有损坏的部件

(续)

故障原因	措 施
气门卡滞、翘曲	1)检查气门和气门导管 2)修理或更换所有损坏的部件
凸轮轴凸角磨损	1)检查凸轮轴凸角 2)修理或更换所有损坏的部件
气门挺柱过脏、卡滞、磨损	1)检查气门挺柱 2)修理或更换所有损坏的部件

3. 发动机上部有噪声且与发动机转速无关的诊断流程

其诊断流程见表1-5。

表1-5 发动机上部有噪声且与发动机转速无关的诊断流程

故障原因	措 施
机油压力过低	1)进行机油压力测试 2)修理或更换所有损坏的部件
气门驱动件润滑不当	1)检查气门指随动件、气门横臂、气门指随动件挺柱、机油泵和气缸体机油油道 2)修理或更换所有损坏的部件
气门驱动件磨损或损坏	1)检查气门驱动件 2)修理或更换所有损坏的部件
气门卡滞	1)检查气门和气门导管 2)修理或更换所有损坏的部件
凸轮轴凸角磨损或故障	1)检查凸轮轴凸角 2)若损坏则更换凸轮轴
正时齿轮损坏或错位	1)检查正时齿轮 2)更换所有损坏的部件

4. 发动机下部有噪声且与发动机转速无关的诊断流程

其诊断流程见表1-6。

表1-6 发动机下部有噪声且与发动机转速无关的诊断流程

故障原因	措 施
传动部件磨损(附件传动带有严重开裂、隆起或部分缺失和/或系统部件错位)	1)检查传动部件 2)修理或更换所有损坏的部件
机油压力过低	1)进行机油压力测试 2)修理或更换所有损坏的部件
喷油器泄漏和/或卡滞(卡滞的喷油器可能产生与活塞、连杆或连杆轴承损坏时相似的噪声)	1)用故障诊断仪检查气缸平衡度以确定气缸的噪声源 2)若不能确定气缸的噪声源,则诊断发动机是否存在机械系统损坏问题 3)如果确定是喷油器产生的噪声,则更换喷油器

(续)

故障原因	措　施
曲轴带轮松动和/或损坏	1）检查曲轴带轮和带轮螺栓 2）修理或更换损坏的部件
与变速器连接的螺栓松动	1）检查变矩器螺栓和飞轮 2）修理或更换所有损坏的部件
飞轮松动和/或损坏	1）检查飞轮和飞轮连接螺栓 2）修理或更换所有损坏的部件
活塞销与销孔的配合间隙过大	1）检查活塞、活塞销和连杆 2）修理或更换所有损坏的部件
连杆错位或弯曲	1）检查连杆和连杆轴承 2）修理或更换所有损坏的部件
连杆轴承间隙过大	1）检查连杆轴承、连杆、曲轴和曲轴轴颈 2）修理或更换所有损坏的部件
曲轴轴承间隙过大	1）检查曲轴轴承和曲轴轴颈 2）修理或更换所有损坏的部件

5. 传动带"嗵啾"声、尖叫声和"呜呜"声的诊断

（1）传动带"嗵啾"声

特别注意：在寒冷、潮湿条件下起动时可能出现"嗵啾"声，当发动机达到正常工作温度时"嗵啾"声会消失，这属于正常现象。

1）诊断帮助。由于传动带或带轮上的潮气，故障现象可能为间歇性的。必须在传动带上喷少量水以再现并确认故障。如果在传动带上喷水后故障现象再现，则清洁带轮就可能解决故障。车身部件、悬架部件等松动或安装不当也可能引起噪声。

2）测试说明。

① 此噪声可能与发动机无关。本步是为确认发动机产生了噪声。如果发动机没有产生噪声，则不必继续执行诊断程序。

② 噪声可能是发动机内部噪声。拆下传动带并使发动机短时间运转，以确认噪声是否与传动带有关。

③ 检查所有传动带轮是否有起球。特别注意：起球是指橡胶粉尘在传动带槽内聚集而成的小球或条块。

④ 附件（空调压缩机、发电机等）或带轮安装不当，可能导致附件驱动带轮错位。在之前的维修中，带轮安装不正确同样可能造成错位。将直尺放在带轮凹槽内并跨过两个或三个带轮，检测是否有错位的带轮。若发现带轮错位，则参见相关部件维修信息，按正确的安装和拆卸程序维修。

⑤ 检查紧固件，消除紧固件安装不当的问题。

⑥ 检查带轮是否弯曲包括检查带轮是否存在凹陷，以及其他可能妨碍传动带在带轮槽内或带轮光滑表面正确就位的问题。

⑦ 当传动带未损坏或未过多起球时，更换传动带只是一种临时修理方法。

（2）传动带尖叫声

1）诊断帮助。如果噪声为间歇性的，则改变附件的载荷，以确定其工作在最大载荷下。空调系统制冷剂加注过量、动力转向系统压力管路堵塞或发电机故障可能导致附件传动带发出尖叫声。车身部件、悬架部件或车辆其他部件松动或安装不当也可能引起噪声。

2）测试说明。

① 此噪声可能与发动机无关。本步是为确认发动机产生了噪声。如果发动机没有产生噪声，则不必继续执行诊断程序。

② 噪声可能是发动机内部噪声。拆下传动带并使发动机短时间运转，以判断噪声是否与传动带有关。

③ 确认附件驱动部件的轴承没有卡滞。拆下传动带后，测试附件驱动部件中的轴承能否自由、平稳运转。

④ 判断传动带张紧器是否正常工作。若传动带张紧器工作不正常，传动带张紧力不能保持，则会造成传动带发出尖叫声。

⑤ 判断传动带是否过长，造成传动带张紧器不能正常工作。另外，如果安装了过长的传动带，则传动带可能无法正确就位并使附件驱动部件以错误方向旋转。

⑥ 带轮的错位可能由以下原因引起：附件传动部件安装不当、附件传动带轮安装不当、带轮弯曲或损坏。将直尺放在带轮凹槽内并跨过两个或三个带轮，检测是否有错位的带轮。若发现带轮错位，则参见相关部件维修信息，按正确的安装和拆卸程序维修。

⑦ 该测试的目的是判断带轮直径或宽度是否正确，与已知完好的车辆比较带轮尺寸。

（3）传动带"呜呜"声

1）诊断帮助。传动带本身不会引起"呜呜"声。如果噪声为间歇性的，则改变附件的载荷，以确定其工作在最大载荷下。空调系统制冷剂加注过量、动力转向系统压力管路堵塞或发电机故障可能导致附件传动带发出"呜呜"声。

2）测试说明。

① 噪声可能是发动机内部噪声。拆下传动带并使发动机短时间运转，以判断噪声是否与传动带有关。

② 检查以下附件驱动部件的轴承：传动带张紧器、传动带惰轮、发电机、动力转向泵和空调压缩机。

必须安装带轮，并通过改变附件驱动部件的载荷，单独运行附件驱动部件，以定位故障轴承。

6. 传动带"隆隆"声和振动的诊断

（1）传动带"隆隆"声的诊断

附件传动带"隆隆"声指在惰轮处或其正上方，传动带或某个具体部件每转一圈都会发出低频敲击声、爆燃声或"砰砰"声。传动带"隆隆"声一般由以下原因造成：传动带槽内起球或有条块、传动带分层、传动带损坏或故障。

1）诊断帮助。

发动机振动可能会引起车身部件或其他零件发出"隆隆"声。传动带可能存在无法看见或无法感觉的故障。有时更换传动带是确定传动带是否发生故障的唯一方法。

如果更换了传动带并完成诊断表后，传动带安装后又出现噪声，则表明某个附件驱动部件（如空调压缩机）可能有故障。改变不同附件驱动部件的负载有助于查明是哪个部件引起的噪声。

2）测试说明。

① 确认诊断时的现象。车辆其他部件可能引起噪声。

② 确认是附件传动带产生的噪声。由于相关说明的相似性，传动带"隆隆"声和发动机内部噪声可能会被混淆。拆下传动带并使发动机短时间运转，以判断噪声是否与传动带有关。

③ 检查传动带以确保其未引起噪声。传动带各棱之间的小裂纹不会引起此噪声，且不能单独更换传动带。传动带分层故障是通过分离的传动带层来识别的，可以在传动带边缘看到，并且传动带摸上去凹凸不平。

④ 少量起球属于正常情况，可以接受。当起球现象严重时（达到传动带槽深度的33%），传动带没有足够光滑的表面维持正常工作，应更换。

（2）传动带脱落的诊断

正常工作时，传动带脱落或传动带不能正确套在附件驱动带轮上。

1）诊断帮助。如果附件传动带从传动带轮上反复脱落，则可能是带轮错位造成的。附件驱动部件（如空调压缩机）快速施加或释放额外负载，可能导致附件传动带脱落。

这种情况下，依次操作附件驱动部件以确认故障，并记录引起传动带脱落的部件。传动带张紧力不足同样可能引起传动带从传动带轮上脱落。传动带张紧力小可能由以下原因引起：传动带长度不正确、传动带张紧器故障、传动带过度拉伸或故障。

2）测试说明。

① 确认传动带的状况。传动带首次脱落后可能受损，或者传动带因已经损坏而脱落。

② 带轮的错位可能由以下原因造成：附件驱动部件安装不当、附件驱动部件带轮安装不当、附件驱动带轮损坏或弯曲。

③ 将合适的直尺放在带轮凹槽内，并跨过两个或更多带轮，检查是否有错位的带轮。

若发现有错位的带轮，则参见特定部件的维修信息，按正确的更换程序更换。当使用传动带的背面来驱动带轮时，应检查带轮是否存在凹陷，或其他可能妨碍传动带在带轮槽内或带轮光滑表面正确就位的问题。

④ 附件驱动部件托架弯曲时会导致传动带脱落。

⑤ 检查紧固件，消除紧固件安装不当的问题。缺失、松动或不匹配的紧固件可能使带轮在有负载的情况下错位。紧固件紧固过度也会导致安装托架偏转和附件传动带轮错位。

（3）传动带过度磨损的诊断

过度磨损指传动带安装不当引起的传动带外侧棱（磨损边缘）的磨损。

1）诊断帮助。传动带的过度磨损通常是安装不当或安装了不匹配的传动带引起的。传动带轮的轻微错位不会导致过度磨损，但可能导致传动带脱落。传动带轮严重错位会导致过度磨损，也会导致传动带脱落。

2）测试说明。

① 确认传动带正确安装在附件驱动系统带轮上。传动带的磨损可能是传动带错套在特定带轮上的一个或多个槽引起的。

② 如果安装的传动带宽度不正确，则会导致传动带磨损。传动带棱应与附件驱动系统带轮上所有的槽相匹配。

③ 确认发动机运转时传动带不与发动机零件或车身零件接触。当附件驱动部件负载发生变化时，应有足够的间隙。传动带不应与发动机零件或车身零件接触。

三、案例学习

1. 故障现象

一辆搭载 L2B 发动机的五菱 CN113R，用户反映冷却液温度过高，散热风扇开始工作便不会停止，在高速公路行驶时因冷却液温度过高而到服务区进行过抢修，当时未找到冷却液温度过高的原因，在维修店将节温器拆除，并驾驶回家，在高速公路上加速到 80km/h 时，冷却液温度也会过高，行驶速度低于 80km/h 时，冷却液温度正常。

2. 故障检测和分析

按照由简到繁的原则，首先检查冷却液是否正常。等车辆冷却后，检查膨胀罐的液位，检查发动机散热器内的液量是否充足，检查各水管连接部位是否存在泄漏。发现膨胀罐的液位稍低于下限刻度，散热器内液量充足，水管无泄漏现象。

怀疑冷却系统内的空气未处理干净导致气阻，冷却液不能正常循环散热。将原先拆除的节温器装复，加注冷却液进行排气处理，等待散热风扇起动，判断系统内是否有空气。若有空气产生气阻，则散热风扇不会停止运转。如果节温器能正常打开，散热风扇能正常起动、正常停止，则散热系统内不存在空气。

怀疑冷却液的散热流量不足。检查散热器的每个散热管路温度是否一致。如果发现节温器打开后散热器的每个散热管路温度不一致，两侧的部分散热管路温度很高，而中间的大部分散热管路温度较低，则说明散热器内部存在堵塞问题。

3. 故障处理

更换散热器。

由本故障案例可知，导致发动机温度过高的原因很多，只有充分了解冷却系统的工作原理，并采用正确的检查分析方法，才能快速准确地找到故障原因。

第六节　学习成果自检

填写以下表格，检验自己的学习成果。

序号	问题	自检结果
1	气缸压力测试的正确方法是什么	
2	如果添加机油后气缸的压缩压力依然较低,则故障原因是什么	
3	机油压力过低的原因有哪些	
4	发动机冷却液温度高的原因有哪些	
5	可以利用内窥镜检查车辆的哪些部件	
6	发动机噪声诊断的基本原则有哪些	

第七节　发动机免拆诊断实训

● 训练情景：一辆五菱 CN113R 汽车（L2B 发动机），用户反映车辆动力不足。作为车间技师，你将如何对气缸压力进行检测？

● 训练任务：

任务1：气缸压缩压力检测。

任务2：发动机冷却系统检测。

任务3：机油压力测试。

任务4：运用噪声诊断原则识别音频文件中的噪声类型。

● 训练目标：

目标1：能够掌握气缸压缩压力的测试方法及结果分析方法。

目标2：能够掌握冷却系统的测试方法及结果分析方法。

目标3：能够掌握机油压力的测试方法及结果分析方法。

目标4：能够运用噪声诊断原则识别音频文件中的噪声类型。

● 训练时间：100min。

● 注意事项：遵守车间安全规程，严格按照操作步骤进行操作。

● 训练实施条件：五菱 CN113R 两辆；与发动机噪声相关的音频文件。

任务1：气缸压缩压力检测

1. 任务说明

为了判断气缸压缩压力是否正常，需要检测气缸压缩压力。

2. 任务准备

（1）训练物品准备

请列举进行此项任务所需的工具、设备、资料与辅料。

_____

_____

（2）支持知识准备

请查阅相关资料，写出与此项训练任务相关的支持知识。

_____

_____

3. 任务操作

（1）操作步骤与要点

	一缸	二缸	三缸	四缸
气缸压力				
标准值				

（2）操作结果分析

1) 如果添加少量机油后测得的气缸压力与此前测量结果相比有所上升，则故障部位为：

2）如果添加少量机油后测得的气缸压力与此前测量结果相比没有变化，则故障部位为：

3）如果气缸压力比正常值偏高，则故障原因是什么？

任务2：发动机冷却系统检测

1. 任务说明

当怀疑发动机冷却系统存在泄漏问题时应该如何检测？

2. 任务准备

（1）训练物品准备

请列举进行此项任务所需的工具、设备、资料与辅料。

（2）支持知识准备

请查阅相关资料，写出与此项训练任务相关的支持知识。

3. 任务操作

（1）操作步骤与要点

1）冷却系统静态测试。

2）冷却系统燃烧泄漏测试。

(2) 操作结果分析

1) 在对冷却系统进行静态测试时,如果指针缓慢下降则说明冷却系统存在什么故障?

2) 在对冷却系统进行静态测试时,如果指针快速下降则说明冷却系统存在什么故障?

3) 在对冷却系统进行燃烧泄漏测试时,如果压力很快上升则说明冷却系统存在什么故障?

4) 在对冷却系统进行燃烧泄漏测试时,如果压力没有很快升高,则通过测试仪向冷却系统加压,直到指示压力达到110kPa。此时如果指针摆动,则说明冷却系统存在什么故障?

任务3:机油压力测试

1. 任务说明
为判断发动机润滑系统是否正常,需要检测机油压力。

2. 任务准备
(1) 训练物品准备
请列举进行此项任务所需的工具、设备、资料与辅料。

(2) 支持知识准备
请查阅相关资料,写出与此项训练任务相关的支持知识。

3. 任务操作

（1）操作步骤与要点

1）写出进行机油压力测试前，需要检查的润滑系统问题。

_____
_____
_____
_____
_____
_____

2）以上问题都排除后，请写出机油压力测试的正确步骤并填写下表。

_____
_____
_____
_____
_____

	冷车怠速	热车怠速	热车至发动机转速为 4000r/min
气缸压力			
标准值			

（2）操作结果分析

机油压力过低的原因有哪些？

_____
_____
_____
_____
_____
_____
_____
_____

任务 4：运用噪声诊断原则识别音频文件中的噪声类型

1. 任务说明

运用噪声诊断原则识别音频文件中的噪声类型

2. 任务准备

（1）训练物品准备

请列举进行此项任务所需的工具、设备、资料与辅料。

_____
_____
_____

（2）支持知识准备

请查阅相关资料，写出与此项训练任务相关的支持知识。

_____
_____
_____
_____
_____
_____
_____

3. 任务操作

（1）操作步骤与要点

由讲师播放发动机噪声音频文件，学员收听和讨论，并把结果填入下表。

	噪声发生部位
音频文件 1	
音频文件 2	

（2）操作结果分析

为提高发动机噪声诊断的效率，需要考虑哪些因素？

_____
_____
_____
_____
_____
_____

讨论

在进行发动机免拆诊断时，哪些诊断工具有利于快速找到故障原因？

_____
_____
_____
_____

第八节 章 练 习 题

一、单项选择题

问题1	在进行气缸泄漏测试时,如果发现机油加注口跑气,则故障原因是( )。	
	A	进气门烧蚀
	B	排气门烧蚀
	C	活塞环卡滞或破损
	D	进气门间隙不正确

问题2	L2B发动机节温器在温度为多少时打开?( )	
	A	82℃
	B	87℃
	C	92℃
	D	95℃

问题3	下列哪个故障会引起像强风吹过时产生的声音一样的噪声?( )	
	A	曲轴主轴颈磨损过度
	B	连杆轴承盖螺栓紧固不足
	C	正时带安装过紧
	D	活塞与气缸壁磨损过度造成两者配合间隙过大

二、多项选择题

问题1	发动机润滑系统有哪些作用?( )	
	A	润滑
	B	冷却
	C	清洗
	D	密封

问题2	下列哪些原因可能导致发动机冷却液温度过高?( )	
	A	节温器在大循环时没有打开
	B	膨胀罐盖泄漏
	C	散热器过脏
	D	冷却液泵损坏

三、简答题

1. 气缸压力过低的原因有哪些?

2. 导致发动机冷却液温度过高的原因有哪些?

四、思考与讨论

哪些原因会导致气缸压力过高?

第二章　发动机拆解检查

● 学习要点：

1）发动机附件拆卸。
2）配气机构检测。
3）气缸盖与气缸体检测。
4）活塞连杆检测。
5）曲轴检测。

● 学习目标：

1）能够描述发动机附件的拆卸规范和要点。
2）掌握配气机构的检测规范和要点。
3）能够正确执行气缸盖与气缸体的检测规范和要点。
4）掌握活塞及连杆测量的规范和要点。
5）掌握曲轴的测量规范。

随着发动机工作时间的延长，其部件会出现磨损、变形和损坏等故障，这会影响发动机的使用性能，并缩短其使用寿命。发动机部件检测，就是对发动机进行分解和清洁，并使用精密测量工具对其进行测量，判断部件性能的状态，并设定正确的维修方案。

本章将以上汽通用五菱发动机为主要对象，重点讲解发动机的部件检测等大修规范。

第一节　发动机附件拆卸

为了更方便、更精确地对发动机进行部件检测，需要适当拆卸发动机的一些附件。

分解发动机的注意事项：

1）具有密封部位的零部件在清洗前要确认是否有泄漏等痕迹。
2）固定组合零部件要整理归类，避免混淆。具有安装方向的零部件要预先做好对应标记。
3）作业时要注意避免使零部件产生刮痕以及碰伤等。
4）要确认油封的唇形、弹簧部件是否正常。
5）各零部件要充分洗净，清除污渍以及沉积物。
6）要用气枪吹扫各通路，确认没有堵塞。
7）各零部件的螺栓、螺母要预先按系统进行归类整理。

图 2-1~图 2-3 所示分别为上汽通用五菱宝骏 560（1.8L）发动机上端、下端和前端的分解视图。

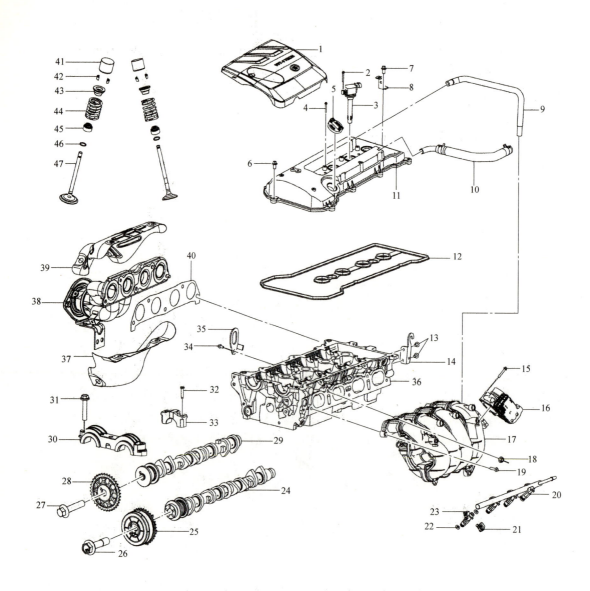

图 2-1　上汽通用五菱宝骏 560（1.8L）发动机上端分解视图

1—发动机装饰盖　2、4、6、7、13、15、19、26、27、31、32、34—螺栓　3—点火线圈　5—机油加注口盖　8—曲轴箱强制通风管支架　9—曲轴箱强制通风管　10—曲轴箱通气管　11—凸轮轴罩盖　12—密封垫　14—发动机后吊钩　16—节气门体　17—进气歧管　18—螺母　20—燃油导轨　21—锁片　22—密封圈　23—喷油器　24—进气凸轮轴　25—进气凸轮轴链轮　28—排气凸轮轴链轮　29—排气凸轮轴　30—凸轮轴前轴承盖　33—凸轮轴轴承盖　35—发动机前吊钩　36—缸盖　37—排气歧管下隔热罩　38—排气歧管　39—排气歧管上隔热罩　40—排气歧管密封垫　41—气门挺柱　42—气门锁夹　43—气门弹簧座　44—气门弹簧　45—气门油封　46—气门弹簧底座　47—气门

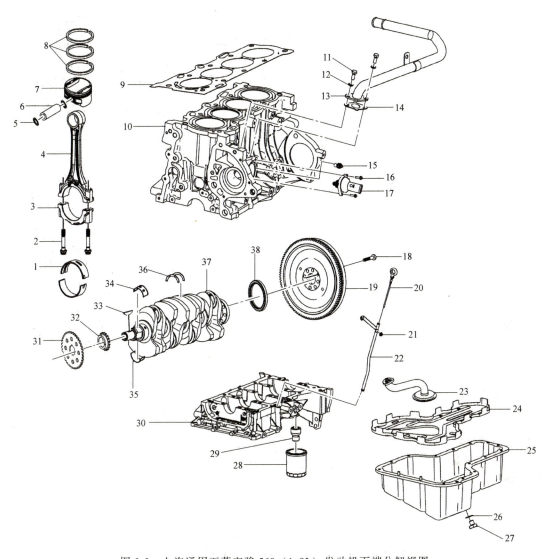

图2-2 上汽通用五菱宝骏560（1.8L）发动机下端分解视图

1—连杆轴瓦 2—连杆螺栓 3—连杆盖 4—连杆 5—活塞销挡圈 6—活塞销 7—活塞 8—活塞环组件 9—气缸垫 10—上缸体 11、18—螺栓 12—弹簧垫 13—暖风出水管 14—垫片 15—机油压力开关 16—节温器壳体螺栓 17—节温器壳体 19—飞轮总成 20—机油尺 21—螺母 22—机油尺导管 23—集滤器 24—挡油板 25—油底壳 26—放油螺塞垫片 27—放油螺塞 28—机油滤清器 29—机油滤清器导管 30—下缸体 31—曲轴位置信号轮 32—曲轴链轮 33—半圆键 34—曲轴上轴瓦 35—曲轴下轴瓦 36—止推片 37—曲轴 38—曲轴后油封

按照以下顺序拆卸发动机附件。

1．拆开传动桥

（1）安装发动机吊耳及吊索装置

1）安装发动机吊耳，如图2-4所示。

2）在发动机吊耳上安装发动机吊索装置。

3）将链条滑车连接到发动机吊索装置上后，将链条滑车提升，直到有轻微张紧力施加

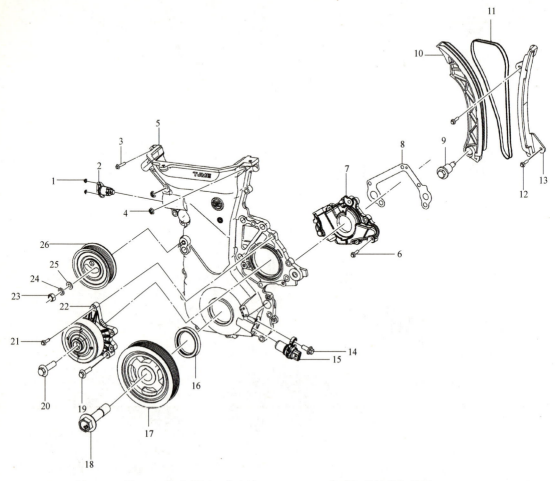

图 2-3 上汽通用五菱宝骏 560（1.8L）发动机前端分解视图

1、3、6、12、14、19、20、21—螺栓 2—正时链张紧器 4—螺母 5—发动机前盖 7—机油泵总成 8—机油泵密封垫 9—排气侧正时链导轨螺栓 10—排气侧正时链导轨 11—正时链总成 13—进气侧正时链导轨 15—曲轴位置传感器 16—发动机前油封 17—曲轴带轮 18—曲轴带轮螺栓 22—冷却液泵总成 23—传动带张紧轮螺母 24—传动带张紧轮弹簧垫圈 25—传动带张紧轮平垫圈 26—传动带张紧轮

到两根链条上。注意：如果两根链条上施加的张紧力不均匀，则发动机会明显倾斜，可能导致非常危险的情况。

（2）降下发动机

1）将带传动桥总成的发动机通过吊钩降到工作台上，如图 2-5 所示。注意：由于发动机油底壳触碰工作台后可能变形，下降发动机时应使油底壳远离工作台。此时，应继续使用链条滑车悬吊发动机。

2）使用提升板附件支撑变速传动桥。提示：拆卸发动机后，上述程序可以防止传动桥倾斜。

3）拆卸动力转向叶轮泵。

（3）拆下传动桥

1）拆卸发动机和传动桥安装螺栓。

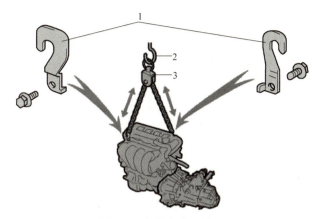

图 2-4　安装发动机吊耳

1—发动机吊耳　2—链条滑车　3—发动机吊索装置

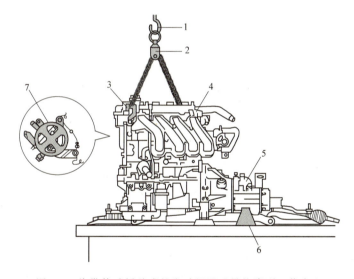

图 2-5　将带传动桥总成的发动机通过吊钩降到工作台上

1—链条滑车　2—发动机吊索装置　3—发动机吊耳　4—发动机　5—传动桥　6—提升板附件　7—动力转向叶轮泵

2）将一把一字槽螺钉旋具插入发动机和传动桥之间的空隙，然后通过一字槽螺钉旋具轻撬，以松开输入轴，如图 2-6 所示。

3）轻轻地摇晃发动机，从传动桥上拆卸发动机。注意：强烈摇晃发动机可能损坏输入轴和/或离合器盘。

2. 将发动机安装至大修台

1）临时将大修台安装在气缸体的传动桥安装螺栓孔位置，如图 2-7 所示。

① 大修台左、右臂的安装位置应对称。

② 安装时，大修台重心应降低。

2）把发动机安装在大修台上，使发动机和大修台水平，然后拧紧螺栓。

3）拆卸链条滑车。注意：拆卸链条滑车前，应拧紧发动机和臂的固定螺栓。

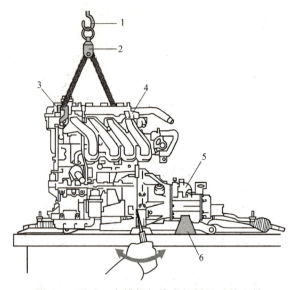

图 2-6　通过一字槽螺钉旋具轻撬松开输入轴

1—链条滑车　2—发动机吊索装置　3—发动机吊耳　4—发动机　5—传动桥　6—提升板附件

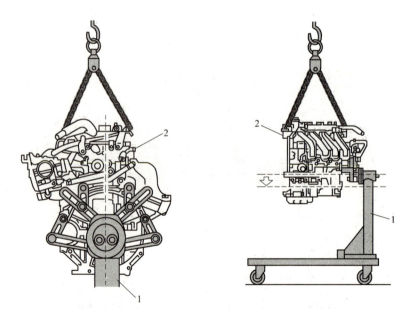

图 2-7　将大修台安装在气缸体的传动桥安装螺栓孔位置

1—大修台　2—发动机

3. 拆卸进气歧管、排气歧管、发动机线束和发电机

1）拆卸进气歧管和排气歧管，如图 2-8 所示。

① 松开固定进气歧管和排气歧管的螺栓和螺母，顺序为由外到内。

② 拆卸进气歧管和排气歧管。

2）拆卸发动机线束，如图 2-8 所示。

从发动机上松开所有发动机连接件和卡箍。

第二章 发动机拆解检查

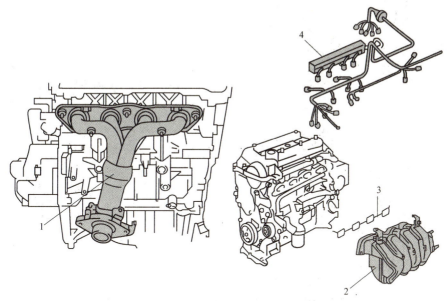

图 2-8 拆卸进气歧管、排气歧管和发动机线束
1—排气歧管　2—进气歧管　3—密封垫　4—发动机线束

3）拆卸发电机，如图 2-9 所示。

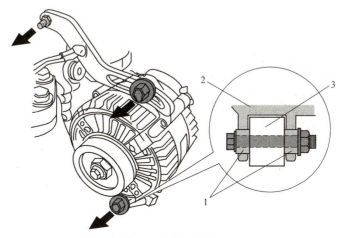

图 2-9 拆卸发电机
1—套环　2—发电机　3—支架（发动机侧）

① 松开发电机安装螺栓并拆卸传动带。注意：通过拉传动带移动发电机可能损坏传动带。

② 松开所有发电机安装螺栓，并拆卸发电机。提示：因为发电机安装部件固定凸缘用于定位，所以啮合很紧。

4. 排放油液和拆卸机油滤清器

1）在发动机下方放置一个容器用来收集机油，防止污染环境。

2）用扳手拧下油底壳放油螺塞，排空机油，如图 2-10 所示。

3)更换放油螺塞垫片,安装放油螺塞。

4)用专用工具 PT-0327 拆下机油滤清器并将其报废,必要时再拆下机油滤清器连接管,如图 2-11 所示。

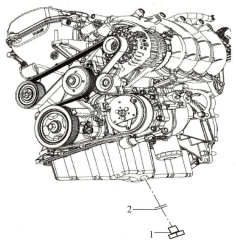 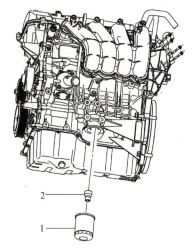

图 2-10 用扳手拧下油底壳放油螺塞　　　　　图 2-11 拆下机油滤清器
1—放油螺塞　2—放油螺塞垫片　　　　　　1—机油滤清器　2—机油滤清器连接管

5. 拆卸机油尺和导管(图 2-12)

1)拧下机油尺导管固定螺栓,取下机油尺导管。

2)从机油尺导管中拔出机油尺,并用干净抹布擦拭干净。

6. 拆卸 PCV 管(图 2-13)

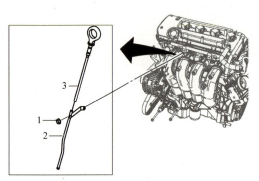 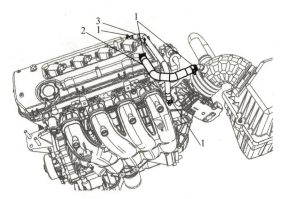

图 2-12 拆卸机油尺和导管　　　　　　　　图 2-13 拆卸 PCV 管
1—导管固定螺栓　2—机油尺导管　3—机油尺　　1—管夹　2—曲轴箱通风管　3—PCV 阀管

7. 拆卸排气歧管隔热罩(图 2-14)

1)松开并拆下排气歧管上隔热罩螺栓,拆下排气歧管上隔热罩。

2)拆下排气歧管小支架与排气歧管的连接螺栓(数量为 4),拆下排气歧管大支架与缸体的连接螺栓(数量为 3),拆下排气歧管大、小支架。

3)松开并拆下排气歧管下隔热罩螺栓,拆下排气歧管下隔热罩。

4)小心放置排气歧管隔热罩,防止割伤手。

8. 拆卸排气歧管（图 2-15）

拆下排气歧管与发动机缸盖的紧固螺母（数量为 5），取下排气歧管和排气歧管垫片。

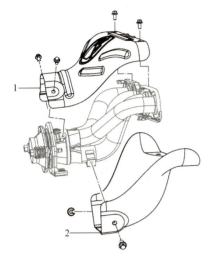

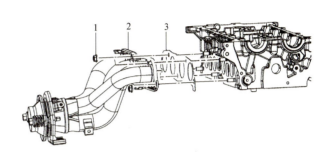

图 2-14 拆卸排气歧管隔热罩
1—排气歧管上隔热罩　2—排气歧管下隔热罩

图 2-15 拆卸排气歧管
1—紧固螺母　2—排气歧管　3—排气歧管密封垫

9. 拆卸节温器壳体（图 2-16）

1）松开并拆下节温器壳体固定螺栓。

2）取下节温器壳体。

10. 拆卸发动机出水口支座。

11. 拆卸传动带（图 2-17）

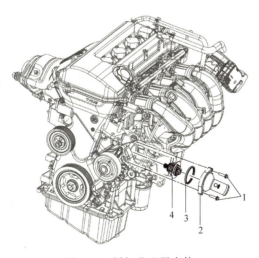

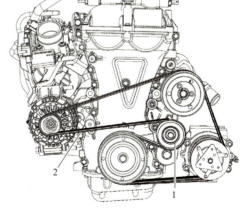

图 2-16 拆卸节温器壳体
1—固定螺栓　2—节温器壳体　3—节温器壳体垫片　4—节温器

图 2-17 拆卸传动带
1—张紧轮　2—传动带

1）松开张紧轮。

2）将传动带拆下。

12. 拆卸传动带张紧轮（图 2-18）

1）拆下传动带张紧轮螺母。
2）拆下传动带张紧轮。

13. 拆卸传动带惰轮（图 2-19）

1）拆下传动带惰轮螺栓。
2）拆下传动带惰轮。

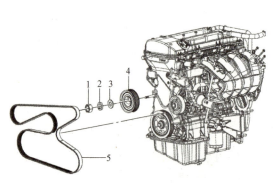

图 2-18　拆卸传动带张紧轮
1—传动带张紧轮螺母　2—调整螺母
3—垫片　4—传动带张紧轮　5—传动带

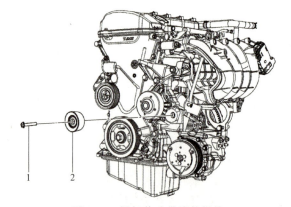

图 2-19　拆卸传动带惰轮螺栓
1—传动带惰轮螺栓　2—传动带惰轮

14. 拆卸空调压缩机支架（图 2-20）

1）拆下空调压缩机支架螺栓。
2）拆下空调压缩机支架。

15. 拆卸冷却液泵带轮

16. 拆卸冷却液泵

17. 拆卸曲轴带轮（图 2-21）

1）用飞轮止动工具 PT-0066 锁止飞轮。
2）松开并拆下曲轴带轮螺栓，取下曲轴带轮。

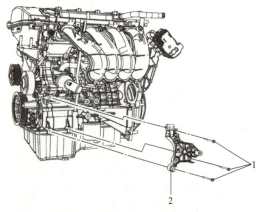

图 2-20　拆卸空调压缩机支架
1—空调压缩机支架螺栓　2—空调压缩机支架

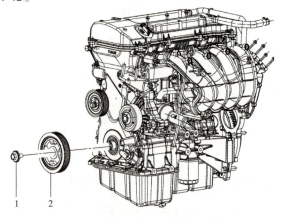

图 2-21　拆卸曲轴带轮
1—曲轴带轮螺栓　2—曲轴带轮

18. **拆卸曲轴前油封**
19. **拆卸起动机**
20. **拆卸进气歧管**
21. **拆卸发动机飞轮**（图2-22）
1）使用飞轮固定工具PT-0324或类似工具固定飞轮。
2）拆下6颗飞轮固定螺栓。
3）拆下飞轮总成。
22. **拆卸曲轴后油封**（图2-23）

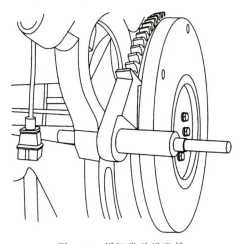

图2-22　拆卸发动机飞轮

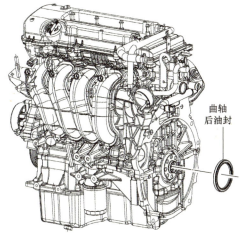

图2-23　拆卸曲轴后油封

23. **拆卸点火线圈**（图2-24）
1）拆下点火线圈盖螺栓（数量为4）。
2）垂直拔出点火线圈。
24. **拆卸凸轮轴罩盖**（图2-25）
1）拆下凸轮轴罩盖周围螺栓（数量为9）。
2）拆下凸轮轴罩盖中间螺栓（数量为2）。
3）拆下曲轴箱强制通风管支架。
4）拆下机油加注口盖。
5）拆下凸轮轴罩盖及其密封垫。
25. **拆卸油底壳**（图2-26）
1）松开并拆下油底壳螺栓。
2）用专用工具PT-0031沿油底壳与发动机缸体底部边缘的接合缝处用锤子慢慢敲入油底壳，然后敲击专用工具侧面，注意不要损坏配合面。
注意：专用工具PT-0031可以用类似的油封刮刀代替，但不能用螺钉旋具等插入，否则会损坏配合面。
3）取下油底壳。
26. **拆卸发动机前盖和机油泵**（图2-27）
1）松开并拆下节气门体支架与发动机前盖间的1颗螺栓。

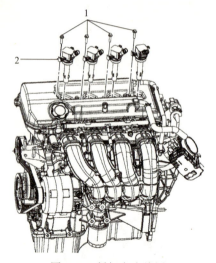

图 2-24 拆卸点火线圈

1—点火线圈盖螺栓 2—点火线圈

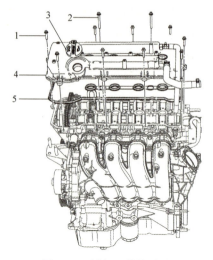

图 2-25 拆卸凸轮轴罩盖

1—周围螺栓 2—中间螺栓 3—机油加注口盖
4—凸轮轴罩盖 5—密封垫

2）松开并拆下发动机前盖 2 颗双头螺柱。

3）松开并拆下发动机前盖 13 颗（边缘 12 颗，中间 1 颗）螺栓。

4）拆下发动机前盖与机油泵总成。

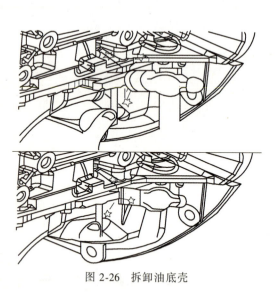

图 2-26 拆卸油底壳

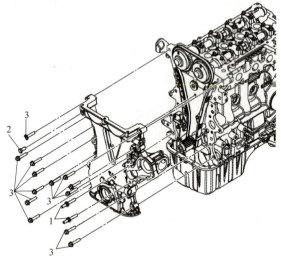

图 2-27 拆卸发动机前盖和机油泵

1—双头螺柱 2、3—螺栓

27. 拆卸正时链（含正时链张紧器）（图 2-28）

1）拆卸正时链张紧器（自动张紧器），如图 2-29 所示。释放正时链张紧器张紧力。正时链张紧器的柱塞设计成通过棘轮机构，仅允许柱塞弹出，不允许其缩回。因此移动止动板，释放棘轮机构，按入柱塞，然后松开正时链。注意：正时链张紧时拆卸正时链张紧器会造成正时链张紧器弹出，可能引发事故，因此应确保释放正时链张紧力。

2）拆卸正时链张紧器滑板。

3）拆卸正时链减振器。

4）拆卸正时链，不要用力过大。

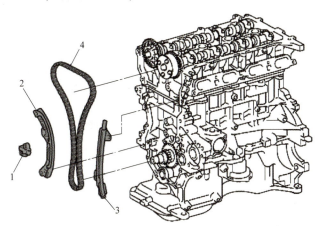 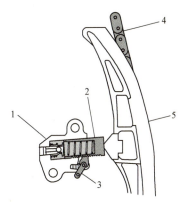

图 2-28　拆卸正时链

1—正时链张紧器　2—正时链张紧器滑板
3—正时链减振器　4—正时链

图 2-29　拆卸正时链张紧器（自动张紧器）

1—正时链张紧器　2—柱塞　3—止动板
4—正时链　5—正时链张紧器滑板

5）设定活塞位置，如图 2-30 所示。从 TDC（上止点），将曲轴逆时针旋转一定角度，使活塞向下移动。提示：因为在拆卸正时链张紧器或者正时链的情况下转动曲轴可能造成气门和活塞相互干扰，所以必须降低活塞位置。

28. 拆卸曲轴链轮（图 2-31）

1）拆下正时链。

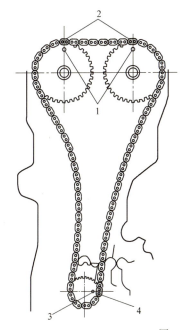 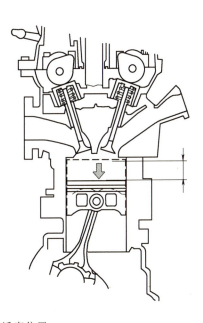

图 2-30　设定活塞位置

1—凸轮轴链轮正时标记　2、4—正时链的正时标记　3—曲轴正时链轮正时标记

2）取下曲轴链轮和半圆键。

29. 拆卸凸轮轴链轮（图2-32）

1）用呆扳手卡住凸轮轴外六角位置。

2）拆下排气凸轮轴正时链轮。

3）拆下进气凸轮轴正时链轮（VVT总成）。

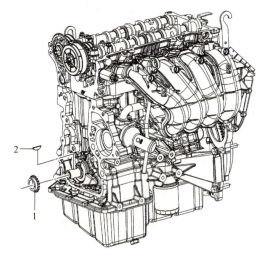

图2-31 拆卸曲轴链轮
1—曲轴链轮 2—半圆键

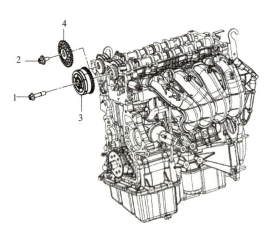

图2-32 拆卸凸轮轴链轮
1—进气链轮螺栓 2—排气链轮螺栓 3—进气凸轮轴
正时链轮（VVT总成） 4—排气凸轮轴正时链轮

30. 拆卸进、排气凸轮轴（图2-33）

1）松开并拆下凸轮轴轴承盖螺栓。

2）取下凸轮轴前轴承盖。

3）取下凸轮轴轴承盖螺栓及轴承盖，并按顺序标记后放好。

4）取下进气凸轮轴和排气凸轮轴。

31. 拆卸气门挺柱（图2-34）

用磁性工具小心取下气门挺柱并按顺序放好（可把挺柱按顺序摆好并用纸张包裹，在纸张外面做好标记，防止错乱），防止机油流失。注意不要损伤气门挺柱。

32. 拆卸气缸盖（图2-35）

1）按图2-36所示顺序拆卸气缸盖螺栓（数量为10）及密封垫，配对按顺序放置。

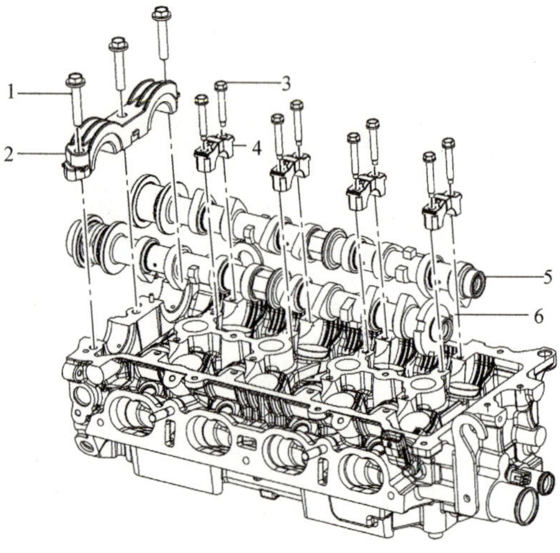

2）拆下气缸盖，拆下并废弃气缸盖密封垫。注意：不按顺序拆下气缸盖螺栓可能导致缸盖变形等严重损坏。拆卸气缸盖应避免机油或冷却液进入气缸内。

图2-33 拆卸进、排气凸轮轴
1、3—轴承盖螺栓 2—前轴承盖 4—轴承盖
5—进气凸轮轴 6—排气凸轮轴

33. 拆卸活塞、连杆和连杆轴瓦（图2-37）

1）按各缸顺序给活塞、连杆盖做标记，防止装配时出错。

第二章 发动机拆解检查

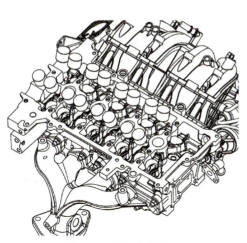

图 2-34 拆卸气门挺柱

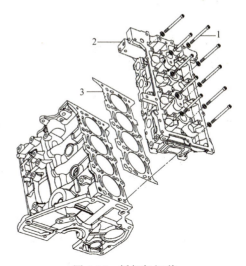

图 2-35 拆卸气缸盖
1—缸盖螺栓 2—缸盖 3—缸盖垫片

2	6	10	7	3
←发动机前端				
1	5	9	8	4

图 2-36 发动机气缸盖螺栓拆卸顺序

2）松开并拆下连杆螺栓，取下连杆盖及连杆轴瓦。

3）从缸体上部取出活塞连杆总成，并按顺序把连杆盖与连杆装配好后放置。

注意：在取出活塞连杆总成时要非常小心，防止连杆大端与气缸壁接触而刮伤气缸壁。

34．拆卸曲轴和主轴瓦（图 2-38）

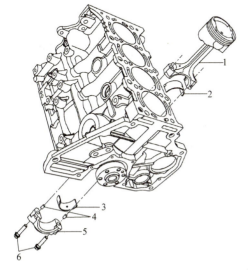

图 2-37 拆卸活塞、连杆和连杆轴瓦
1—连杆 2—连杆上轴瓦 3—连杆下轴瓦
4—连杆定位销 5—连杆轴承盖 6—连杆螺栓

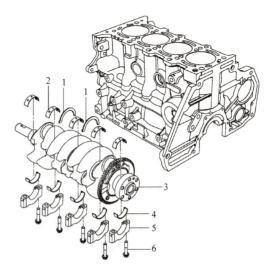

图 2-38 拆卸曲轴和主轴瓦
1—止推片 2—上主轴瓦 3—曲轴 4—下主轴瓦 5—主轴承盖 6—主轴承盖螺栓

53

1）松开并拆下主轴承盖螺栓，拆下主轴承盖及下主轴瓦，并按对应顺序放置。
2）取下曲轴、上主轴瓦和止推片。

第二节　配气机构检测

配气机构的作用是按照发动机每一气缸所进行的工作循环和点火顺序的要求，按时开启和关闭各气缸的进、排气门，将新鲜的可燃混合气吸入气缸，并将燃烧后的废气从气缸内排出。

配气机构功能的好坏对发动机的性能有重大影响，因此配气机构的检测是发动机维修过程中的一个重要项目。

配气机构的检测可以分为正时链清洁与检测、气门组件检测、气门导管检测、气门弹簧检测、凸轮轴检测和气门挺柱检测等项目。

一、正时链检测

1）检查正时链是否有异常磨损、开裂和松动等，若有则更换正时链。
2）检查正时链导轨，若有异常磨损则更换正时链导轨。
3）清除正时链上的异物。
4）外部不可存在异常磨损、损伤等。链轮可顺利转动，轴承没有异常。轴承部位不可有润滑脂泄漏现象。
5）检查正时链，如图2-39所示。检查正时链的延伸度：将正时链挂在墙上的卡钩上，然后通过一个弹簧秤施加一个恒力拉动正时链。使用游标卡尺测量导管长度的参考值。由于销和衬套的磨损，链节间隙会增加，这会导致正时链整体延长，造成气门正时不准。因此要测量正时链的长度，判断其是否可继续使用。提示：如果测量值超过规定值，则更换正时链。

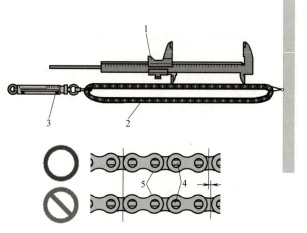

图2-39　检查正时链
1—游标卡尺　2—正时链　3—弹簧秤　4—销　5—衬套

二、气门组件检测

1）检查气门是否有以下状况：
① 气门大端点蚀。
② 气门杆弯曲或磨损。
③ 气门锁夹槽起皮、磨损。
④ 气门体开裂、有毛刺、有划痕等。
如果有上述任一情况，则应更换气门。
2）检查气门工作面角度α是否为45°，如图2-40所示。
3）用千分表测量气门头工作面径向圆跳动量，标准值为0.03mm，如图2-41所示。
4）用千分尺测量气门杆直径，如图2-42所示。

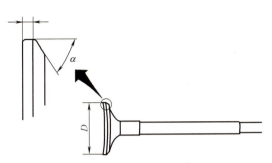

图 2-40 气门工作面角度检查

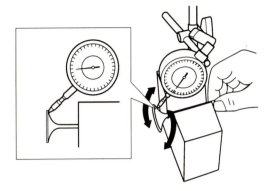

图 2-41 气门头工作面径向圆跳动量检查

① 进气门气门杆直径为 $\phi 5.5_{-0.030}^{-0.015}$ mm。

② 排气门气门杆直径为 $\phi 5.5_{-0.035}^{-0.020}$ mm。

5）用内径千分尺测量气门导管内径，标准值为 $\phi 5.5_{+0.01}^{+0.03}$ mm。

6）若以上数据不在规定范围内，则应对相应部件进行修理或更换。

三、凸轮轴检测

1）检查凸轮轴是否有裂纹，若有则更换凸轮轴。

2）测量凸轮轴径向圆跳动量，如图 2-43 所示。

① 凸轮轴径向圆跳动量不超过 0.04mm。

② 若超过标准值，则校正或更换凸轮轴。

3）测量凸轮轴桃高（轴心到桃顶高+基圆半径），如图 2-44 所示。

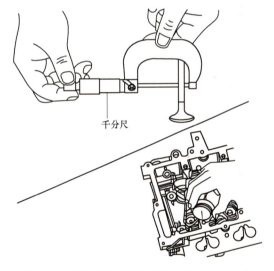

图 2-42 测量气门杆直径并检查气门导管间隙

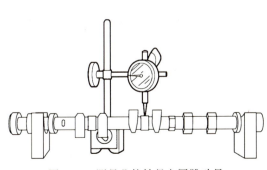

图 2-43 测量凸轮轴径向圆跳动量

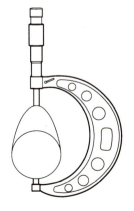

图 2-44 测量凸轮轴桃高

① 标准值：排气凸轮轴为（43.81±0.08）mm；进气凸轮轴为（44.63±0.08）mm。

② 若不在标准值范围内，则校正或更换凸轮轴。

4）用千分尺测量凸轮轴的轴颈直径，如图 2-45 所示。分别取 5 个不同的测量点测量凸轮轴轴颈直径。

① 标准值：进气凸轮轴第 1 轴颈为 $\phi 38^{-0.035}_{-0.051}$ mm，第 2/3/4/5 轴颈为 $\phi 23^{-0.035}_{-0.051}$ mm；排气凸轮轴第 1 轴颈为 $\phi 34.5^{-0.035}_{-0.051}$ mm，第 2/3/4/5 轴颈为 $\phi 23^{-0.035}_{-0.051}$ mm。

② 若不在标准值范围内，则更换相关零件。

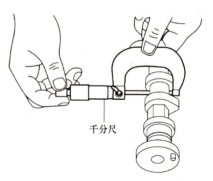

图 2-45　测量凸轮轴轴颈直径

第三节　气缸盖与气缸体检测

气缸盖与气缸体总成是发动机的核心部件，它由气缸体、气缸垫和气缸盖组成。

气缸盖与气缸体总成的性能不良，可能会导致发动机动力不足、怠速不稳、冷却液温度过高以及机油消耗过多等故障，因此需要对其进行精确检测，并做必要维修。

一、气缸盖变形检查

1）检查气门座圈，必要时研磨，并检查气门座状态是否良好，如图 2-46 所示。

注意：不可刮伤、划伤或损坏气缸盖表面，防止细小颗粒物落入气缸盖内部。

2）检查气缸盖是否存在以下状况：

① 气缸盖翘曲、裂纹、损坏或点蚀。

② 机油油道中有碎屑。

③ 冷却液泄漏。

④ 螺纹孔损坏。

⑤ 水道、气道、油道、燃烧室有裂纹、堵塞、腐蚀、锈蚀、损坏或泄漏等。

气缸盖存在以上情况时要进行修理，修理后仍达不到技术要求，就需要更换气缸盖。针对气缸盖裂纹、损坏等情况，建议直接更换。

3）清洁气缸盖上的杂物，清洁燃烧室的积炭。

4）用直尺和塞尺在 6 个方向上测量气缸盖的平面度，平面度误差不得超过 0.05mm，必要时需要用专业磨削工具进行修复，或直接更换，如图 2-47 所示。

5）从多个位置检查气缸盖高度，标准值为（121.3±0.1）mm，偏差较大时应更换。

二、气缸内径测量

1）用干净的抹布清洁气缸内部。

2）检查气缸体是否有裂纹，气缸内部是否有烧蚀、异常磨损，必要时更换。

3）使用精密直尺和塞尺，检查气缸体表面 6 个方向的平面度，方法与气缸盖平面度的测量相同，如图 2-48 所示。平面度误差应在 0.05mm 以内，否则应按维修手册要求进行维修或更换。

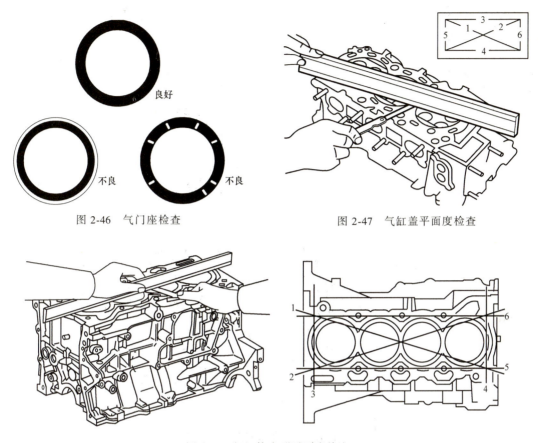

图 2-46 气门座检查　　　　图 2-47 气缸盖平面度检查

图 2-48 气缸体表面平面度检查

4)使用量缸表测量气缸内径。如图 2-49 所示,在气缸的上、中、下截面分别测量纵向和横向的内径值,并计算其圆度误差和圆柱度误差。如果圆度误差和圆柱度误差超过最大值,则需要更换气缸体。标准值:缸孔直径为 $79^{+0.013}_{0}$ mm,圆度误差小于 0.005mm,圆柱度误差小于 0.006mm。若测量数值不在标准值范围内,则应更换缸体。

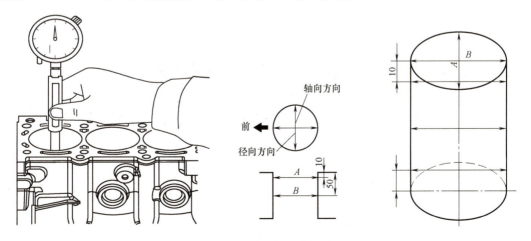

图 2-49 发动机气缸磨损测量

① 圆度误差是指同一横截面上磨损的不均匀性。用两点法测量，以同一断面上不同方向最大与最小直径差值的一半作为圆度误差。测量气缸圆度误差时，一般测量三个横截面。上截面位于"缸肩"下部，即第一道活塞环的上止点处或稍下处。此处一般气缸圆度误差最大。

② 圆柱度误差也用两点法测量，其数值是被测气缸表面任意方向最大与最小直径差值的一半，注意其与圆度误差的概念不同，圆度误差是指同一轴剖内最大与最小直径之差。气缸圆柱度误差一般应测量两个轴向截面。

第四节　活塞连杆检测

活塞与气缸盖、气缸体共同组成燃烧室，发动机工作时产生的高温高压燃气推动活塞运行。连杆通过活塞销与活塞连接，并安装在曲轴的连杆轴颈上。在发动机工作过程中，连杆将活塞的往复运动转换为曲轴的旋转运动，并将动力传递给传动系统。

一、连杆检测

1) 测量活塞销直径，标准值为 $\phi 20^{+0.009}_{0}$，如图 2-50 所示。

2) 测量连杆小头与活塞销之间的间隙，计算公式为：

连杆小头与活塞销之间的间隙＝连杆小头内径－活塞销直径

连杆小头与活塞销之间间隙的标准值为 0.006～0.018mm。

3) 若不在标准值范围内，则更换相关零件。

4) 测量连杆轴颈与轴瓦之间的间隙。

① 方法一：

a. 测量并记录连杆装配好轴瓦时的内径，如图 2-51 所示。

b. 测量并记录连杆轴颈直径，如图 2-52 所示。连杆轴颈直径的标准值为 $\phi 44^{0}_{-0.016}$，若不在标准值范围内，则更换连杆轴瓦。

c. 用步骤 a 的测量值减去步骤 b 的测量值，得到连杆轴颈与连杆轴瓦之间的间隙值，标准值为 0.018～0.044mm，必要时更换轴瓦，直到间隙达到规定范围。

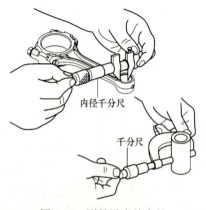

图 2-50　测量活塞销直径

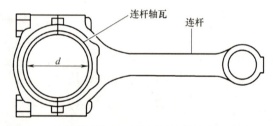

图 2-51　连杆轴径与轴瓦之间间隙的检查（方法一）

② 方法二：

a. 在连杆轴颈与轴瓦上涂少许机油，切下长度与轴瓦宽度相同的塑料测量条，与轴颈平行的放在连杆轴颈与轴瓦之间，注意避开油孔。

b. 安装连杆盖和连杆轴瓦。分两次拧紧连杆盖螺栓，第一次拧紧力矩为（20±2）N·m，第二次拧紧力矩为（50±2）N·m。

c. 如图2-53所示，拆下连杆盖和轴瓦，用量尺测量塑料测量条的宽度，得出连杆轴颈与轴瓦之间的间隙值，标准值为0.018～0.044mm，必要时更换轴瓦或相关零件。

注意：测量过程中不可旋转曲轴。

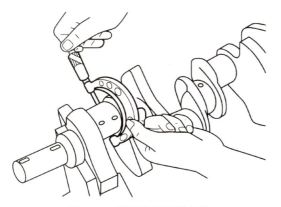

图2-52 测量连杆轴颈直径

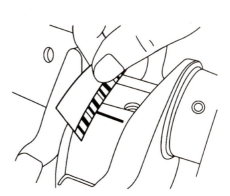

图2-53 连杆轴径与轴瓦之间间隙的检查（方法二）

二、活塞检测

1）测量活塞从底部往上15mm处的外径，如图2-54所示，活塞外径标准值为（78.935±0.0075）mm，若不在标准值范围内，则更换活塞。

2）测量从缸体表面向下50mm处的气缸内径，如图2-55所示，气缸内径标准值为79.000～79.013mm，若不在标准值范围内，必要时更换。

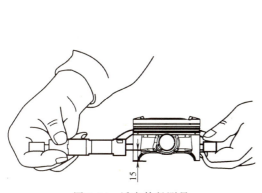

图2-54 活塞外径测量

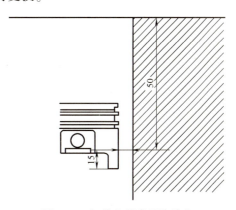

图2-55 缸筒和活塞间隙检查

3）用步骤2）测量的数值减去步骤1）测量的数值即为活塞与气缸之间的间隙值，其标准值为0.0425～0.0785mm，若不在标准值范围内，则更换相关零件。

4）测量活塞环端隙与侧隙（图2-56），标准值为：

① 一环端隙与侧隙：0.25~0.35mm/0.03~0.08mm。
② 二环端隙与侧隙：0.4~0.55mm/0.03~0.07mm。
③ 油环端隙与侧隙：0.2~0.7mm/0.03~0.17mm。
必要时更换活塞环组件。

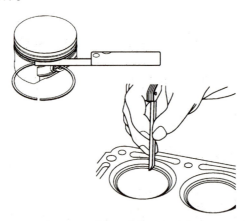

图 2-56　活塞环端隙与侧隙检测

第五节　曲 轴 检 测

曲轴的检测包括主轴颈和连杆轴颈的径向圆跳动量测量、轴颈直径测量、曲轴圆度误差和圆柱度误差测量，以及主轴颈与主轴瓦间隙测量。

一、曲轴检测方法

1）检查曲轴主轴颈、连杆轴颈各处是否有表面烧伤、划伤或不均匀磨损，清洁油孔油道。油孔有堵塞情况的应进行疏通，必要时更换曲轴。

2）检查曲轴的拐角处、油孔处及其他各部位是否有裂纹，若有则更换曲轴。

3）检查主轴瓦是否有变形、异常磨损和裂纹等，若有则更换主轴瓦。

4）测量曲轴的径向圆跳动量，如图 2-57 所示。将曲轴放置在 V 形块上，慢慢旋转曲轴，在 2、3、4 轴颈中央位置测量轴颈径向圆跳动量，标准值为 0.025mm，必要时更换曲轴。

5）测量轴颈直径，如图 2-58 所示。标准值：主轴颈直径为 47.982~48.000mm，连杆轴颈直径为 $\phi 44_{-0.021}^{-0.005}$。

若不在标准值范围内，则测量主轴颈与主轴瓦间的间隙，标准值为 0.013~0.031mm，选择合适的主轴瓦。测量连杆轴颈与连杆轴瓦间的间隙。

6）测量曲轴圆度误差。标准值：主轴颈为 0.003mm，连杆轴颈为 0.004mm。如图 2-59 所示，用千分尺测量每个主轴颈和连杆轴颈四个不同点的尺寸，在 "A" 和 "B" 的 "X" 和 "Y" 之间的尺寸差值表示圆度误差。如果超过标准值则应校正或更换曲轴，如果已校正曲轴，则应测量校正各轴颈与轴瓦的间隙。

7）主轴颈与主轴瓦间隙测量。

① 方法一：将曲轴主轴承盖、上下主轴瓦安装到缸体上，拧紧主轴承盖螺栓，第一次

紧固至（44±2）N·m，第二次紧固至（60±4）N·m。测量主轴瓦内径，主轴瓦内径与相应的主轴颈直径的差值即为主轴颈与主轴瓦的间隙。若不符合规定则应更换主轴瓦以获得合适的间隙，如图2-60所示。

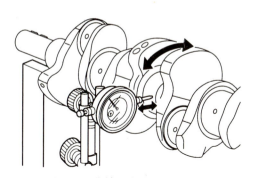

图2-57 曲轴径向圆跳动量检查

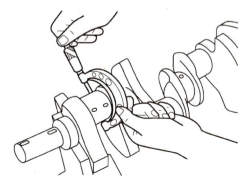

图2-58 测量轴颈直径

② 方法二：在主轴颈与主轴瓦上涂少许机油，切下长度与轴瓦宽度相同的塑料测量条，与轴颈平行放在主轴颈与主轴瓦之间，注意避开油孔，安装主轴承盖，拧紧曲轴主轴承盖螺栓，第一次紧固至（44±2）N·m，第二次紧固至（60±4）N·m，拆下主轴承盖和主轴瓦，用提供的量尺测量塑料测量条的宽度即为间隙，若不符合规定则应更换主轴瓦以获得合适的间隙，如图2-61所示。

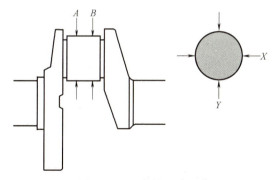

图2-59 测量曲轴圆度误差

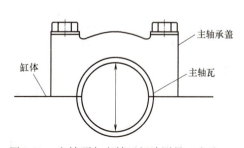

图2-60 主轴颈与主轴瓦间隙测量（方法一）

8）测量曲轴止推间隙，如图2-62所示。标准值：曲轴端隙为0.04～0.24mm，极限为

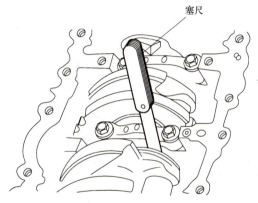

图2-61 主轴颈与主轴瓦间隙测量（方法二）

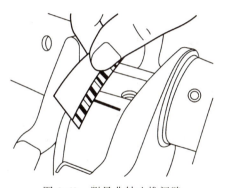

图2-62 测量曲轴止推间隙

0.30mm。在曲轴箱内装主轴瓦、曲轴和曲轴止推片,并按规定力矩拧紧曲轴主轴承盖螺栓。使用百分表测量曲轴的轴向窜动量。如果超过极限,就必须更换厚度更大的止推片。

二、案例学习

1. 故障现象

一辆搭载 L2B 发动机的五菱 CN113R 汽车在怠速时没有异响,加速到发动机转速为 2500r/min 以后开始出现"啪啪"的异响,转速为 3000r/min 左右时最明显。对发动机 1、2、3、4 缸分别做断缸测试,断缸前后异响无明显变化。

2. 故障检测和分析

1)检查发动机周围连接件有无松动情况,经技师检查没有发现任何松动脱落现象。

2)将车辆举升后听异响,发现异响在发动机与变速器接合处较为明显,检查此处相关附件,未发现异常,确定为发动机内部异响。

3)将发动机拆解,检查发现发动机曲轴有轻微磨损,4 缸连杆瓦盖与连杆接合部位有 0.1mm 左右的凸台(图 2-63),其他三缸连杆大头孔内圆很光滑,不存在凸台。

图 2-63 曲轴轻微磨损

3. 故障原因

4 缸连杆瓦盖与连杆接合部位存在凸台,改变了连杆瓦与曲轴轴颈的间隙,导致发动机在较高转速下产生异响。

4. 故障处理

更换一组连杆、活塞及连杆瓦,异响消除。

由本故障案例可知,此类故障发生部位隐蔽,较难排查,维修人员需要熟悉每一个零件的作用和结构,并且在维修时需要特别仔细地去发现一些细微的故障现象。

第六节 学习成果自检

填写以下表格,检验自己的学习成果。

序号	问题	自检结果
1	拆卸油底壳时要注意什么	
2	拆卸气缸盖时要用到哪些专用工具	

(续)

序号	问题	自检结果
3	凸轮轴需要做哪些检查	
4	气缸盖平面度误差的标准值是多少	
5	缸筒的圆度误差和圆柱度误差如何测量	
6	主轴颈与主轴瓦间隙的标准值是多少	

第七节　发动机拆解检查实训

● 训练情景：一辆五菱 CN113R 汽车（L2B 发动机），用户反映发动机烧机油，需要大修。作为车间技师，你将如何进行大修？

● 训练任务

1：发动机分解。

2：发动机零件的检查和测量。

● 训练目标

1：掌握发动机分解的方法与要领。

2：掌握发动机零件的检查和测量方法。

● 训练时间：290min

● 注意事项：遵守车间操作规程；按照实训指导要求进行各项操作；测量工具属于精密仪器，要轻拿轻放。

● 训练实施条件：相关零件、L2B 发动机 3 台。

任务1：发动机分解

1. 任务说明

按照正确的方法和步骤对发动机进行分解。

2. 任务准备

（1）训练物品准备

请列举进行此项任务所需的工具、设备、资料与辅料。

（2）支持知识准备

请查阅相关资料，写出与此项训练任务相关的支持知识。

3. 任务操作

写出操作步骤与要点。

1）分解发动机时的注意事项：

2）按照下列步骤进行发动机的分解：

任务 2：发动机部件的检查和测量

1. 任务说明
按照正确的方法和步骤对发动机部件进行检查测量。

2. 任务准备
（1）训练物品准备
请列举进行此项任务所需的工具、设备、资料与辅料。

（2）支持知识准备

请查阅相关资料，写出与此项训练任务相关的支持知识。

3. 任务操作

测量气缸体和气缸盖的平面度误差，并将结果填入下表。

	气缸体	气缸盖
测量值		
标准值		

以 1 缸的活塞直径为基准，用量缸表测量 1 缸缸筒上、中、下三个位置的内径，并计算其圆度误差和圆柱度误差，将结果填入下表。

	气缸内径(上)		气缸内径(中)		气缸内径(下)		圆度误差	圆柱度误差
	纵向	横向	纵向	横向	纵向	横向		
测量值								
标准值								

测量某一缸活塞环端隙与侧隙并填入下表。

	第一道气环		第二道气环		油环	
	端隙	侧隙	端隙	侧隙	端隙	侧隙
测量值						
标准值						

用塞尺测量主轴颈与主轴瓦的间隙并填入下表。

	1#	2#	3#	4#	5#
测量值					
标准值					

第八节　章 练 习 题

一、单项选择题

问题 1		L2B 发动机缸盖平面度误差不得超过多少？（　　）
	A	0.05mm
	B	0.10mm
	C	0.20mm
	D	0.08mm

问题 2		L2B 发动机第一道气环的端隙与侧隙分别是多少？（　　）
	A	0.18mm～0.33mm/0.04mm～0.08mm
	B	0.35mm～0.55mm/0.03mm～0.07mm
	C	0.2mm～0.7mm/0.04mm～0.12mm
	D	0.34mm～0.7mm/0.08mm～0.12mm

二、多项选择题

问题		下列关于曲轴和主轴瓦间隙测量的描述中,正确的是(　　)
	A	在主轴颈与主轴瓦上涂少许机油,切下长度与轴瓦宽度相同的塑料测量条
	B	将塑料测量条与轴颈平行放在主轴颈与主轴瓦之间
	C	将瓦盖螺栓按标准力矩拧紧后,旋转曲轴一周
	D	拆卸瓦盖后,塑料条被压后的宽度越大,说明曲轴和主轴瓦间隙越小

三、简答题

气缸盖和气缸体需要检测哪些项目？标准值是多少？

四、思考与讨论

可以通过什么方法来测量主轴颈与主轴瓦间隙？标准值是多少？

第三章　发动机组装

● **学习要点：**

1) 曲轴和主轴瓦安装。
2) 活塞和连杆轴瓦安装。
3) 气缸垫和气缸盖安装。
4) 凸轮轴组件安装。
5) 正时链安装。
6) 气门间隙检测及调整方法。
7) 发动机前盖和机油泵安装。
8) 机油滤清器和油底壳安装。
9) 曲轴前后油封安装。
10) 飞轮和曲轴带轮安装。

● **学习目标：**

1) 掌握曲轴组件安装要点。
2) 能够正确执行活塞组件的组装。
3) 掌握气缸垫及气缸盖的安装要点。
4) 掌握凸轮轴安装的方法。
5) 能够正确执行正时链的组装。
6) 掌握气门间隙的检测及调整方法。
7) 能够正确执行前端盖及机油泵的组装。
8) 掌握机油滤清器及油底壳的安装方法。
9) 能够正确执行曲轴前后油封的安装。
10) 能够正确执行飞轮和曲轴带轮的安装。

通过对发动机部件的检测，正确判断发动机存在的机械问题。当针对这些问题完成了各部件的维修或更换后，即可对发动机进行组装与调整。

组装发动机是维修中最关键的环节之一，要严格按照维修手册的技术规范及合理步骤进行操作，同时要确保各部件安装位置的正确性以及维修数值的精确度。

本章以上汽通用五菱CN200使用的LGM发动机（1.8L）和CN113R使用的L2B发动机（1.5L）为例，重点讲解发动机的组装规范。

本章所涉及的技术参数，若没有特别说明，则均为五菱CN200使用的LGM发动机（1.8L）和CN113R使用的L2B发动机（1.5L）的参数。

发动机装配时的注意事项：

1) 各零部件在装配之前必须进行清洁。

2）指定零部件、旋转部件以及滑动部件，必须在涂敷润滑油后再进行装配。

3）各类密封垫需更换，并且在必要的部位使用密封胶。

4）必须一边确认各部件的间隙以及工作状态，一边进行装配。

5）螺栓紧固必须严格遵守指定的紧固方法和力矩。

6）作业结束时，必须把扭力扳手的刻度恢复到最低值。但恢复过多可能导致扭力扳手损坏，因此必须注意。

7）在开始装配作业之前，需要即时确认扭力扳手的使用方法（必须让教师确认）。

8）即使力矩错误，扭力扳手也不能用于松开螺栓的作业。

9）达到预设力矩时会听到"咔嚓"声，必须一次完成。

第一节 曲轴和主轴瓦安装

以上汽通用五菱 CN113R 使用的 L2B 发动机（1.5L）为例。

1）在上主轴瓦（上主轴瓦上有与缸体主轴承座油孔对应的孔）表面涂机油，注意背面不可涂机油而应彻底清洁干净，如图 3-1 所示。

2）将上主轴瓦安装到缸体对应的主轴承座上，上主轴瓦的定位凸起应与主轴承座上的缺口对应，并且机油孔要对齐。

3）将止推片安装到缸体上的第三主轴承座两侧，止推片上的机油槽应朝向外侧对着曲轴，止推片上的定位凸起应与主轴承座上的缺口对应。

4）在下主轴瓦表面涂机油，注意下主轴瓦背面不能涂机油且应彻底清洁干净。

5）按拆卸时的对应标记将下主轴瓦安装到主轴承盖上，注意按轴瓦上的标记定位。

6）主轴承盖上的箭头朝向发动机前端，按照主轴承盖上的数字将主轴承盖和下主轴瓦安装到对应的主轴承座上，并按图 3-2 所示的顺序紧固主轴承盖螺栓。

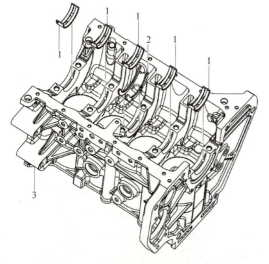

图 3-1 曲轴和主轴瓦的安装
1—上主轴瓦 2—止推片 3—缸体

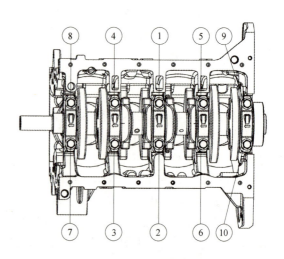

图 3-2 曲轴主轴承的紧固

7）紧固。主轴承盖螺栓紧固力矩：30N·m+（30°～35°）。需要用角度扳手定角度拧紧的，不能仅凭目视判断。

8）安装好后，曲轴应能灵活转动，曲轴端隙应在标准范围内。

第二节　活塞和连杆轴瓦的安装

一、活塞环组装

提示：如果更换活塞，则必须同时更换活塞环。

1）分别将气环和组合油环安装到活塞的对应位置。安装时要注意环的标记朝上，如果无标记，则任意面朝上都可以，如图3-3所示。

2）L2B发动机的活塞环，第一道气环的标记为"R"，第二道气环的标记为"2R"，如图3-4所示。

图3-3　活塞环安装

图3-4　L2B发动机活塞环标记

3）向环槽添加机油进行润滑，开口位置布置如图3-5所示。

二、活塞及连杆组装

1）如果更换了连杆轴瓦，则在连杆轴瓦表面涂机油，背面不可涂机油，而应彻底清洁干净。分别将连杆轴瓦安装到连杆盖、连杆上，轴瓦上的定位凸起应分别与连杆、连杆盖上的缺口对齐，并且机油孔应对齐。

2）用专用工具PT-0068将活塞连杆总成安装到缸体上，注意防止连杆大端划伤缸孔内壁、连杆轴颈，如图3-6所示。

注意：安装时应保证活塞、连杆上的向前标记朝向发动机前端。

3）安装连杆盖（带连杆轴瓦）。连杆螺栓紧固力矩：20N·m+（86°～94°），需要用到角度扳手定角度拧紧的，不能仅凭目视判断。

注意：安装时连杆盖上的向前标记应朝向发动机前端，并且连杆盖应按照拆卸时所做的标记与连杆对应。若更换连杆盖，则需要整体更换连杆总成，更换后的连杆质量等级必须与其他连杆一致，如图3-7所示。

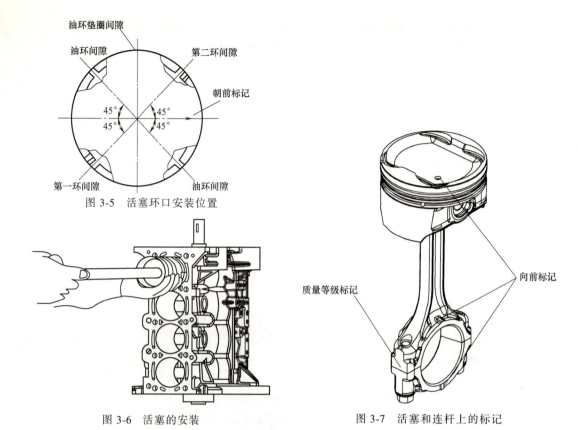

图 3-5 活塞环口安装位置

图 3-6 活塞的安装

图 3-7 活塞和连杆上的标记

第三节 气缸盖组件的安装

一、气缸垫及气缸盖的安装

1）安装气缸垫。安装时要彻底清洁气缸盖与气缸体的配合面，气缸垫的位置要准确，可以通过缸盖定位销定位，如图 3-8 所示。

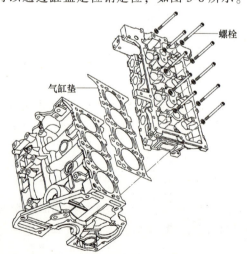

图 3-8 气缸垫的安装

9	5	1	4	8
←发动机前端				
1	6	2	3	7

图 3-9 缸盖螺栓拧紧顺序

2）将气缸盖安装到气缸体上,通过缸盖定位销定位。

3）按图 3-9 所示顺序拧紧缸盖螺栓。

缸盖螺栓紧固力矩:(22 ± 2)N·m+$(102°\pm2°)$,需要用到角度扳手定角度拧紧的,不能仅凭目视判断。

二、气门组件的安装

1）用气门油封安装工具 PT-0027 安装气门油封,先将气门油封安装到专用工具上,再通过专用工具将气门油封安装到缸体上,如图 3-10 所示。

2）用气门弹簧安装工具 PT-0024 安装气门、气门弹簧、气门弹簧座和气门锁夹。

注意:气门弹簧上有标记的一端应朝上,进、排气门应按原位置装配,如图 3-11 所示。

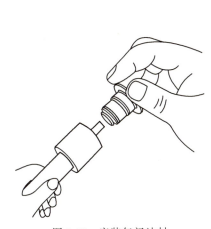

图 3-10　安装气门油封

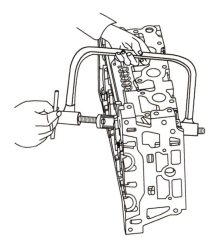

图 3-11　安装气门

第四节　凸轮轴组件的安装

一、气门挺柱的安装

1）彻底清洁气门挺柱,用新机油预润滑气门挺柱。

2）按照拆卸时所做的标记将气门挺柱安装到对应位置。若更换挺柱,则应做好标记,安装时不能错位,如图 3-12 所示。

注意:不能使用手套等触碰挺柱。

二、进、排气凸轮轴的安装

1）用新机油预润滑凸轮轴轴承座。

2）转动曲轴,使曲轴的半圆键槽朝上,正时标记朝下,之后不可再旋转曲轴。

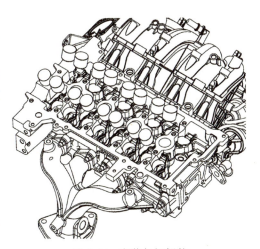

图 3-12　安装气门挺柱

3）将进气凸轮轴安装到进气侧凸轮轴轴承座上，凸轮轴的正时链轮定位销朝上。进气凸轮轴上有凸轮轴位置传感器信号轮。

4）将排气凸轮轴安装到排气侧凸轮轴轴承座上，凸轮轴的正时链轮定位销朝上，如图3-13所示。

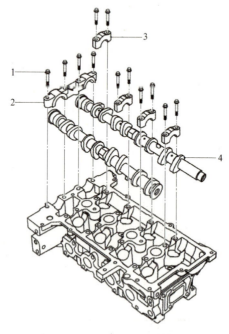

图 3-13　进、排气凸轮轴的安装

1—凸轮轴轴承盖螺栓　2—凸轮轴前轴承盖　3—凸轮轴轴承盖　4—进气凸轮轴

按照拆卸时的标记或凸轮轴上的标记安装凸轮轴轴承盖，如图3-14所示。

←	1I	2I	3I	4I
←	1E	2E	3E	4E

图 3-14　按标记安装凸轮轴轴承盖

按顺序拧紧凸轮轴轴承盖螺栓，如图3-15所示。

9	5	1	3	7
10	6	2	4	8
10	6	2	4	8
9	5	1	3	7

图 3-15　凸轮轴轴承盖螺栓拧紧顺序

凸轮轴轴承盖螺栓紧固力矩：(10±2)N·m。

三、凸轮轴链轮的安装

1）将凸轮轴链轮安装到凸轮轴上，安装时要根据凸轮轴上的定位销定位。

2）安装凸轮轴链轮螺栓，如图3-16所示。凸轮轴链轮螺栓紧固力矩：(32±2)N·m+(50°±2°)。

3）安装后，凸轮轴链轮上的正时标记应朝上。

四、曲轴链轮的安装

1）将曲轴链轮键安装到曲轴对应的位置。

2）安装曲轴链轮，正时标记应朝下，如图3-16所示。

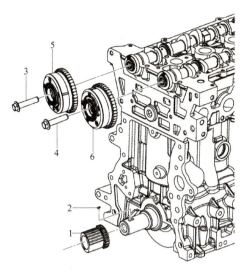

图3-16 凸轮轴链轮的安装
1—曲轴链轮 2—曲轴链轮键 3、4—凸轮轴链轮螺栓 5、6—凸轮轴链轮

第五节 正时链的安装

一、正时链的安装步骤

1）彻底清洁正时链，用新机油预润滑正时链。

2）将正时链安装到凸轮轴链轮、曲轴链轮上。安装时，正时链上的正时标记应与凸轮轴链轮、曲轴链轮上的正时标记分别对齐，如图3-17所示。注意：未安装正时链时不能旋转曲轴。

3）安装进气侧正时链导轨，安装正时链张紧器。

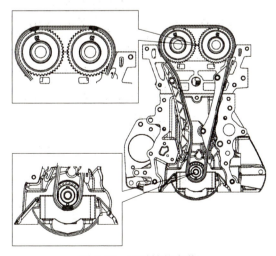

图3-17 正时链的安装

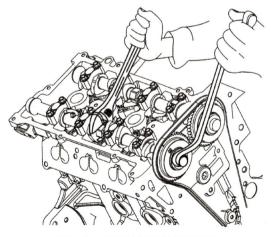

图3-18 凸轮轴链轮螺栓的紧固

4）拧紧凸轮轴链轮螺栓，拧紧时需要用活扳手固定凸轮轴，如图3-18所示。凸轮轴链轮螺栓紧固力矩：（32±2）N·m+（50°±2°）。

5）一汽丰田 1ZR-FE 发动机正时链安装工艺。下面以一汽丰田 1ZR-FE 发动机为例详细说明正时链安装工艺。包括以下内容：设定正时标记位置、安装正时链减振器、安装正时链并检查正时标记定位。

① 设定正时标记位置，如图3-19所示。

a. 将曲轴正时设定于一号气缸 TDC（上止点）/压缩后 40°~140°。

b. 将进气和排气凸轮正时链轮设定于一号气缸 TDC（上止点）/压缩 20°。

c. 重新将曲轴正时设定于一号气缸 TDC（上止点）/压缩后 20°。

注意：必须按上述步骤对准正时标记，否则气门和活塞可能相互干扰。

提示：正时标记的位置因车型不同而异。

② 安装正时链减振器。

③ 安装正时链，如图3-20所示。按照顺序将正时链放在凸轮轴和曲轴链轮上，同时从正时链减振器侧拉正时链。

提示：为了防止排气凸轮轴弹回，使用扳手转动它，并将其设定在正时链的标记位置。如果正时链和链轮齿有一点偏移，则转动凸轮轴进行校正。

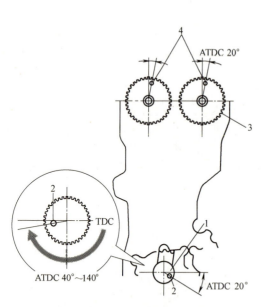

图 3-19　设定正时标记位置
1—曲轴正时链轮　2—曲轴正时链轮正时标记
3—凸轮轴正时链轮　4—凸轮轴正时链轮正时标记

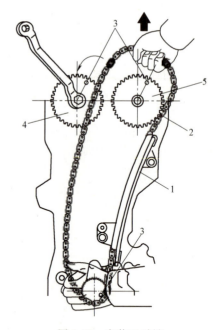

图 3-20　安装正时链
1—正时链减振器　2—正时链　3—正时标记
4—排气凸轮轴正时链轮　5—进气凸轮轴正时链轮

④ 检查正时标记定位，如图3-21所示。安装正时链张紧器和正时链张紧器滑板后，顺时针转动曲轴两周，确保校准带轮正时标记。

注意：如果正时链安装在错误位置上，则气门的开启和关闭正时将偏离，活塞和气门可能会损坏，并且阻止曲轴转动。慢慢转动曲轴，转动曲轴比较困难时，不要用力过大。转动曲轴两周后,如果正时标记偏离,则重新安装正时链。

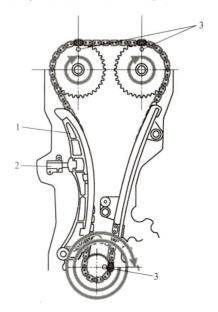

图 3-21 检查正时标记定位
1—正时链张紧器滑板 2—正时链张紧器 3—正时标记

二、正时链张紧器的安装

1)将张紧器压缩并用铁丝锁住,可以用尺寸与锁止孔直径相当的、有一定硬度且干净整洁的工具,例如较小号的内六角扳手等,如图 3-22 所示。

2)安装正时链张紧器。正时链张紧器螺栓紧固力矩:(10±2)N·m。

3)取下工具。

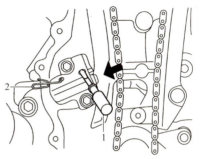

图 3-22 正时链张紧器的安装
1—锁止销专用工具 2—张紧器压缩专用工具

第六节　气门间隙检查及调整方法

一、气门间隙检查

下面以上汽通用五菱汽车 L2B（1.5L）发动机为例说明。

1）曲轴带轮上的正时标记与发动机舱盖上的"0"刻线对齐。同时观察 1 缸进、排气凸轮轴上的凸轮是否朝上，使 1 缸进、排气门处于未打开状态。如果情况和上述相符，那么此时 1 缸应该处于压缩上止点位置，如图 3-23 所示。

2）找到 1 缸压缩上止点之后，按照图 3-24 所示的顺序测量气门间隙。

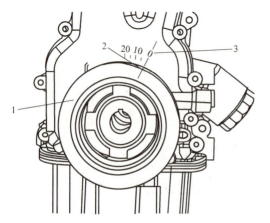

图 3-23　1 缸压缩上止点标记
1—曲轴带轮　2—曲轴带轮上的正时标记
3—发动机舱盖上的"0"刻线

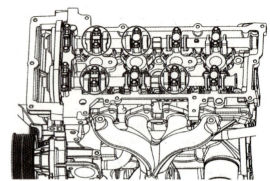

图 3-24　测量气门间隙（一）

3）将曲轴带轮旋转 360°，按照图 3-25 所示的顺序测量余下的气门间隙。

4）用塞尺测量气门间隙，如图 3-26 所示。标准值：进气门为 0.075～0.125mm；排气门为 0.245～0.295mm。

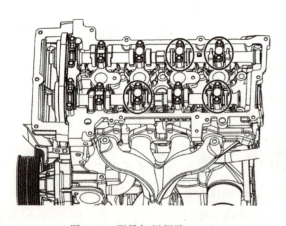

图 3-25　测量气门间隙（二）

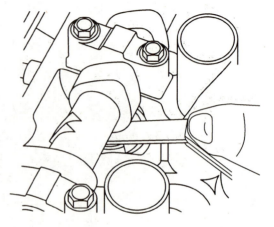

图 3-26　测量气门间隙（三）

若测量值不在正常范围内,则更换合适的气门挺柱。

5) 使用千分尺测量旧挺柱厚度,根据旧挺柱厚度选择合适的新挺柱。

① 新挺柱厚度=旧挺柱厚度+旧气门间隙-标准气门间隙。

② 根据计算的新挺柱厚度选择合适的新挺柱,如图3-27所示。

6) 新气门挺柱从01到40分为40个级别,每个级别相差0.02mm,气门挺柱级别及厚度刻在内侧底部。如01-312表示01级,厚度为3.12mm,依此类推,如图3-28所示。

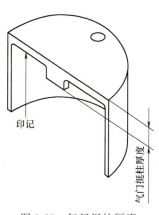

图3-27 气门挺柱厚度

图3-28 气门挺柱

二、一汽丰田某款车气门间隙检查调整方法

检查气门间隙,如图3-29所示。

1) 气门间隙检查的目的。

① 如果气门间隙过大,则气门的所有异常碰撞声会变大。

② 如果气门间隙过小,则发动机预热后,气门的热膨胀可能导致其撞击凸轮,并且关闭不严。

提示:发动机冷机时测量和调整气门间隙。

2) 检查气门间隙的步骤如图3-30所示。

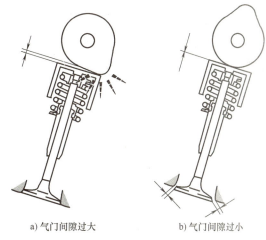

a) 气门间隙过大 b) 气门间隙过小

图3-29 检查气门间隙

① 转动曲轴,将1缸转到TDC(上止点)/压缩位置。提示:将曲轴带轮正时标记和正时链盖正时标记对准,以使1缸的进气门和排气门同时关闭。

② 气门关闭时,测量凸轮和挺杆之间的间隙。

③ 在间隙中插入一个塞尺,并且在塞尺以最小的阻力被径直拉出时,读取该塞尺上的数值。

④ 转动曲轴一周,然后测量其他气门的间隙。注意:用力将塞尺插入间隙可能使其弯曲。

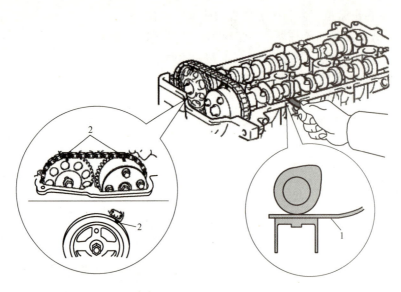

图 3-30 检查气门间隙的步骤
1—塞尺 2—正时标记

3）调整气门间隙。气门间隙的调整方法因发动机类型的不同而不同，如图 3-31 所示。内垫片类型和要求更换挺柱的类型需拆卸凸轮轴以更换垫片；外垫片类型不需要通过拆卸凸轮轴来更换垫片。

① 测量气门间隙，如图 3-32 所示。

② 拆卸磨损的垫片（挺杆），如图 3-33 所示。

③ 测量垫片（挺柱）厚度，如图 3-34 所示。使用外径千分尺测量各垫片（挺柱）的厚度。

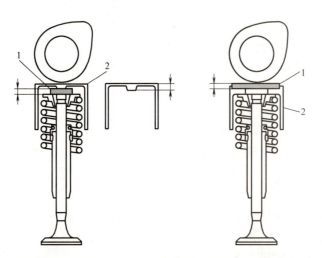

a) 需拆卸凸轮轴更换垫片(挺柱)的类型 b) 仅使用SST(气门间隙调整工具箱)更换垫片(挺柱)的类型

图 3-31 气门间隙的调整方法因发动机类型的不同而不同
1—垫片 2—气门挺柱

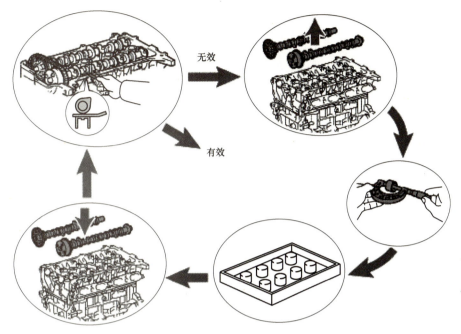

图 3-32 测量气门间隙

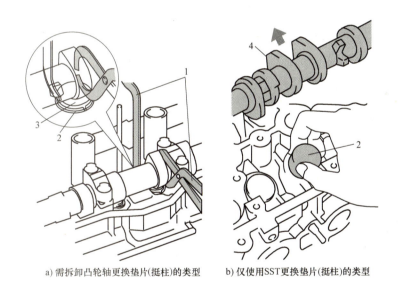

a) 需拆卸凸轮轴更换垫片(挺柱)的类型　　b) 仅使用SST更换垫片(挺柱)的类型

图 3-33 拆卸磨损的垫片（挺柱）
1—SST（气门间隙调整工具箱）　2—挺柱　3—垫片　4—凸轮轴

④ 选择垫片（挺柱）。用测量的气门间隙 A 和旧的垫片（挺柱）的厚度 T 计算，选择新垫片（挺柱）的厚度，即

$$N = T + (A - B)$$

式中　N——新垫片（挺柱）厚度；

　　　T——旧垫片（挺柱）厚度；

A——测量的气门间隙;

B——规定的气门间隙。

⑤ 安装选择好的垫片（挺柱）。

⑥ 再次测量气门间隙。提示：如果气门间隙未达到规定值，则再次调整。

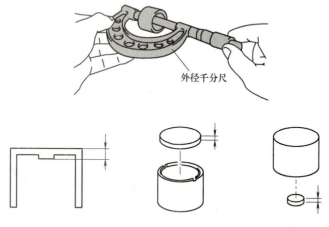

图 3-34　测量垫片（挺柱）厚度

第七节　发动机前盖和机油泵的安装

一、前盖安装

1）彻底清除发动机前盖与缸体、缸盖配合面上的残留密封胶，用干净抹布彻底清洁配合面。

2）在缸盖、缸体与前盖的配合面上涂新前盖密封胶。

① 密封胶直径为（2.5±0.5）mm。

② 密封胶中心线相对于内圈倒角边缘距离为（1±0.1）mm。

3）胶线应连续，位置、形状正确，避开螺孔，安装过程中不得破坏胶线，应在涂胶后 20min 内拧紧前盖螺栓。

4）注意：前盖与缸体水道连接处附近的密封胶槽中应填满密封胶，密封胶直径同步骤 2）的要求。

5）安装前盖到缸盖、缸体上，用前盖定位销定位，一次性安装到位。

6）按图 3-35 所示的顺序拧紧前盖螺栓（C）共 11 颗、螺柱（A）共 3 颗、节气门支架到前盖螺栓（B）共 1 颗。

紧固力矩：前盖螺栓（C）为（22±2）N·m；前盖螺柱（A）为（22±2）N·m；螺栓（B）为（22±2）N·m。

二、机油泵安装

1）用新机油预润滑发动机前盖上的机油泵腔，装上机油泵内、外转子，如图 3-36 所示。

2)安装机油泵盖和螺栓,按对角线顺序拧紧机油泵盖螺栓。

机油泵盖螺栓紧固力矩:(10±2)N·m。

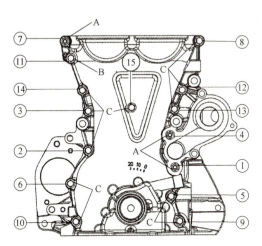
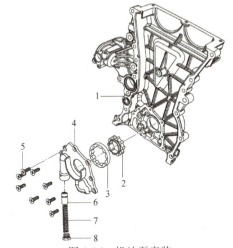

图 3-35 前盖的安装(打胶)

图 3-36 机油泵安装

1—前盖 2—机油泵内转子 3—机油泵外转子
4—机油泵壳体 5—机油泵螺栓 6—调整螺柱
7—调整弹簧 8—调整螺栓

第八节 机油滤清器和油底壳安装

一、机油滤清器的安装

机油滤清器的安装如图 3-37 所示。

1)若已拆下机油滤清器安装螺柱,则先安装机油滤清器螺柱。

机油滤清器安装螺柱紧固力矩:(22±2)N·m。

2)安装机油滤清器,安装时先手工拧紧机油滤清器,注意安装位置要准确,不能损坏各处零件。

3)套上机油滤清器拆装工具(市场采购),用活动扳手拧紧机油滤清器。

机油滤清器紧固力矩:(20±2)N·m。

二、油底壳的安装

1)彻底清洁油底壳与缸体结合面上的残胶、油污及其他杂质,用干净抹布彻底擦拭干净。

2)在油底壳上涂密封胶,如图 3-38 所示。

① 密封胶直径为(3.75±0.25)mm。

② 密封胶中心线相对于内圈倒角边缘距离为(1±1)mm。

3)胶线应连续,位置、形状正确,避开螺孔,安装过程中不得破坏胶线,在涂胶后 20min 内拧紧油底壳螺栓。

4) 通过油底壳定位销准确安装油底壳到缸体上,安装过程中注意不要破坏胶线。

5) 按图 3-39 所示顺序拧紧油底壳的 18 颗螺栓,安装方式如图 3-40 所示。

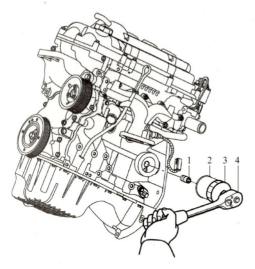

图 3-37 机油滤清器的安装

1—安装螺柱 2—机油滤清器 3—拆装工具
4—活动扳手

图 3-38 油底壳安装(打胶)

13	9	5	1	4	8	12
17						16
18						15
14	10	6	2	3	7	11

图 3-39 油底壳螺栓拧紧顺序

油底壳螺栓紧固力矩:(10±2)N·m。

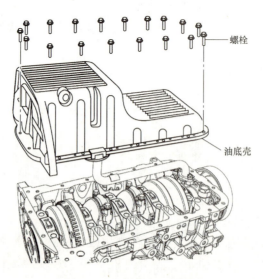

图 3-40 油底壳的安装(紧固)

第九节　曲轴前后油封的安装

一、曲轴前油封的安装

用曲轴前油封安装工具 PT-0057 安装曲轴前油封，安装时平面侧贴住专用工具，凹面朝向发动机，如图 3-41 所示。注意：拆下的油封必须废弃后更换新油封。

二、曲轴后油封的安装

1）在曲轴后油封座与缸体配合面上涂密封胶，注意避开螺孔安装曲轴后油封座（若已拆下），如图 3-42 所示。

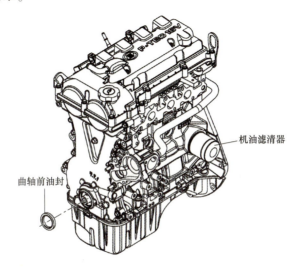

图 3-41　曲轴前油封安装

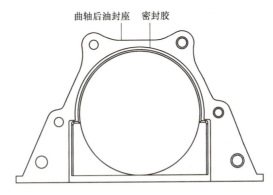

图 3-42　曲轴后油封安装（打胶）

① 密封胶直径为（2.5±0.5）mm。
② 密封胶中心线相对于内倒角边缘距离为（1±1）mm。

2）通过曲轴后油封座定位销安装曲轴后油封座到缸体上，如图 3-43 所示。

3）用专用工具 PT-0058 安装曲轴后油封，如图 3-44 所示。

紧固力矩：曲轴后油封座螺栓为（10±2）N·m；油底壳到曲轴后油封座螺栓为（10±2）N·m。

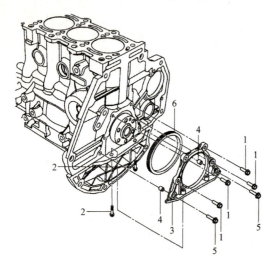 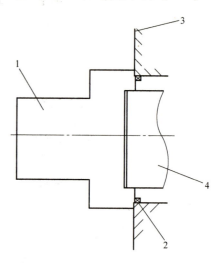

图 3-43　曲轴后油封安装（紧固）　　　　　图 3-44　曲轴后油封安装（专用工具）
1、2—曲轴后油封螺栓　3—曲轴后油封座　4—定位销　　1—曲轴后油封安装工具　2—曲轴后油封
　　　5—螺栓　6—曲轴后油封　　　　　　　　　　　　3—发动机　4—曲轴

第十节　飞轮和曲轴带轮的安装

一、飞轮的安装

1）将飞轮安装到发动机上，安装时应将有定位销的一侧朝外。

2）将飞轮止动工具 PT-0324 或类似工具安装到缸体上以固定飞轮，如图 2-22 所示。

3）在螺栓上涂适量的螺纹锁固胶，按图 3-45 所示的顺序拧紧。

飞轮螺栓紧固力矩：35N·m+(30°~45°)，需要用到角度扳手定角度拧紧的，不能仅凭目视判断。

二、曲轴带轮的安装

用飞轮止动工具 PT-0324 或类似工具固定飞轮，防止曲轴转动。或者用曲轴带轮固定工具 PT-0064 固定曲轴带轮，防止带轮转动，如图 3-46 所示。

曲轴带轮螺栓紧固力矩：95N·m+(55°±4°)，需要用到角度扳手定角度拧紧的，不能仅凭目视判断。

三、案例学习

1. 故障现象

一辆搭载 L2B 发动机的五菱 CN113R 汽车，用户反映该车发动机有异响。起动后，在驾驶室下方能听到"喀啦喀啦"的金属敲击声。

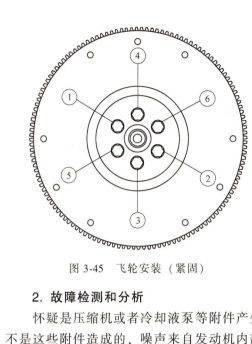

图 3-45 飞轮安装（紧固）

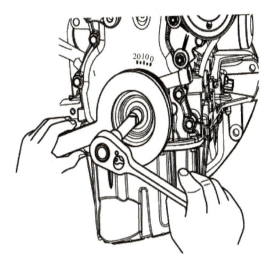

图 3-46 曲轴带轮安装

2. 故障检测和分析

怀疑是压缩机或者冷却液泵等附件产生的噪声，拆卸传动带后异响依然存在，说明故障不是这些附件造成的，噪声来自发动机内部。

在发动机上方用听诊器诊听，响声不像是气门响。检查气门间隙也在正常范围内。

检查发动机前部曲轴带轮螺栓，发现螺栓松动。

3. 故障处理

按要求拧紧曲轴带轮螺栓至 $95N \cdot m + (55°\pm 4°)$。

由本故障案例可知，在组装发动机时一定要认真，关键部件的螺栓一定要使用扭力扳手按标准力矩拧紧，防止其松动产生故障。

第十一节 学习成果自检

填写以下表格，检验自己的学习成果。

序号	问题	自检结果
1	曲轴和主轴瓦如何安装	
2	活塞和连杆轴瓦如何安装	
3	气缸盖组件如何安装	
4	凸轮轴组件如何安装	
5	正时链如何安装	
6	气门间隙如何检查和调整	
7	发动机前盖和机油泵如何安装	
8	机油滤清器和油底壳如何安装	
9	曲轴前后油封如何安装	
10	飞轮和曲轴带轮如何安装	

第十二节　发动机组装实训

- 训练情景：一辆五菱 CN113R 汽车（L2B 发动机），用户反映发动机烧机油，需要大修。作为车间技师，你将如何进行大修？
- 训练任务：发动机组装。
- 训练目标：掌握发动机组装的方法与要领。
- 训练时间：130min。
- 注意事项：遵守车间操作规程，按照实训指导要求进行各项操作，测量工具属于精密仪器，要轻拿轻放。
- 训练实施条件：相关零件、L2B 发动机 3 台。

任务：发动机组装

1. 任务说明

按照手册要求对发动机进行组装。

2. 任务准备

（1）训练物品准备

请列举进行此项任务所需的工具、设备、资料与辅料。

_____
_____
_____
_____
_____

（2）支持知识准备

请查阅相关资料，写出与此项训练任务相关的支持知识。

_____
_____
_____
_____
_____

3. 任务操作

1）发动机装配时的注意事项。

_____
_____
_____
_____

2) 按照正确的方法和步骤组装发动机。

3) 检查 1 缸进、排气门间隙,并在下表中填写结果。

	实测间隙	实测挺柱厚度	优选尺寸
1缸进气门①			
1缸进气门②			
1缸排气门①			
1缸排气门②			
进气门标准间隙			
排气门标准间隙			

第十三节　章　练　习　题

一、单项选择题

问题1		L2B 发动机缸盖螺栓的标准紧固力矩是(　　)。
	A	$(22\pm2)N\cdot m+(102°\pm2°)$
	B	$(24\pm2)N\cdot m+(102°\pm2°)$
	C	$(33\pm2)N\cdot m+(102°\pm2°)$
	D	$(42\pm2)N\cdot m+(102°\pm2°)$

问题2	对于 L2B 发动机,当1缸处于压缩上止点时,下列哪些气门的间隙可以检查?（　　）	
	A	2缸进气门,3缸排气门
	B	2缸排气门,3缸进气门
	C	2缸进气门,4缸进气门
	D	3缸排气门,4缸进气门

问题3	一台 L2B 发动机,1缸进气门间隙为 0.20mm,原挺柱的实际厚度为 3.62mm,下列哪个尺寸的挺柱可以使用?（　　）	
	A	3.82mm
	B	3.72mm
	C	3.52mm
	D	3.42mm

二、多项选择题

问题1	下列关于曲轴和主轴瓦安装标准的描述中,正确的是(　　)。	
	A	在主轴瓦表面和背面均匀涂抹机油
	B	主轴瓦上的定位凸起应与主轴承座上的缺口对应
	C	止推片上的机油槽应朝外对着曲轴
	D	主轴承盖螺栓紧固角度不需要用角度扳手定角度拧紧,仅凭目视判断即可

问题2	下列关于缸盖安装标准的描述中,正确的是(　　)。					
	A	要彻底清洁气缸盖与气缸体的配合面				
	B	安装气缸盖到气缸体上,通过缸盖定位销定位				
	C	缸盖螺栓的拧紧力矩是 (22±2)N·m+（102°±2°）,需要用角度扳手定角度拧紧,不能仅凭目视判断				
	D	螺栓的拧紧顺序如下:				
		9	5	1	4	8
		←发动机前端				
		10	6	2	3	7

三、问答题

1. 列出检查气门间隙的步骤和方法。

2. L2B 发动机气门间隙的标准值是多少?如何通过计算选择合适厚度的挺柱?

四、思考与讨论

安装进、排气凸轮轴时,有哪些注意事项?

第四章 汽油发动机电控系统基础

● 学习要点：

1）电控系统的功能和组成。
2）传感器和执行器的类型。

● 学习目标：

1）能够说出电控系统的功能和组成。
2）能够复述传感器与执行器的分类和特点。

第一节 电控系统的功能和组成

一、电控系统功能

为使发动机正常运行，应具有进气控制功能、燃油控制功能、点火控制功能、怠速控制功能和排放控制功能。

1. 进气控制功能

发动机工作时，被吸入的空气首先经过空气滤清器过滤，然后沿进气道通过节气门体（或怠速阀），最后通过进气歧管尽可能均匀地分配到各气缸。吸入发动机空气的多少是由节气门控制的，节气门开度越大，吸入发动机的空气越多，如图4-1所示。

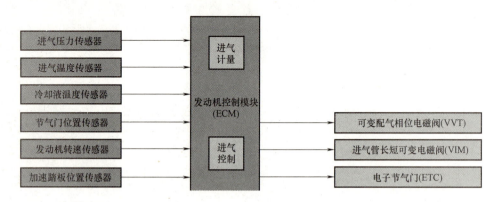

图 4-1 进气控制功能

可变进气控制系统在现有的发动机管理系统中应用越来越广。使用进气道控制，在不同的发动机转速与负荷状况下，由发动机控制模块控制相应的进气道控制阀，可以提升发动机性能，针对发动机的各工况进行性能优化，降低排放。

与进气歧管长、短控制系统不同,进气歧管涡旋控制通过加强进气涡流来改善混合气的燃烧效果。气缸停缸(Port Deactivation,PD)装置可以有效地改善发动机的燃油经济性,且具有结构简单、成本低等特点。

当节气门完全关闭时,发动机控制单元(ECU)控制怠速电磁阀适当开启(电控节气门系统除外),旁通一部分空气以稳定怠速。另外,当发动机起动及节气门开度急剧变化时,怠速电磁阀也会适当动作以补偿进气效果。电子节气门用于控制怠速及全程的发动机转速控制。图4-2所示为丰田某款车进气系统控制功能简图。

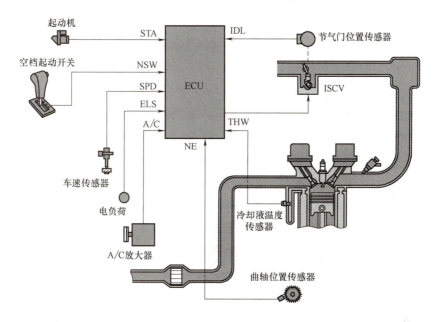

图4-2 丰田某款车进气系统控制功能简图

2. 燃油控制功能

燃油供给系统的主要任务是将一定压力的燃油从燃油箱输送到发动机燃油油轨处,给喷油器供油,并且维持相对稳定的燃油压力,如图4-3所示。

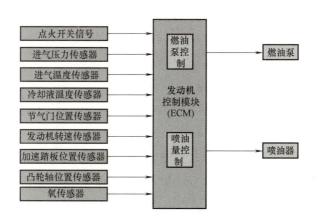

图4-3 燃油控制功能

燃油系统的主要组成部件包括燃油箱、燃油泵、燃油管路、燃油滤清器、油压调节器、喷油器和控制模块等。无回油供油系统取消了从油轨到燃油箱的回油管，不会有大量在发动机舱内被加热的燃油流回燃油箱，因此燃油箱内燃油的温度较低，从而避免了大量燃油蒸气的生成，减轻了燃油蒸气回收系统的压力，图4-4所示为2012款迈腾1.8TSI轿车燃油箱结构图，图4-5所示为大众途锐3.2L发动机燃油系统控制图。

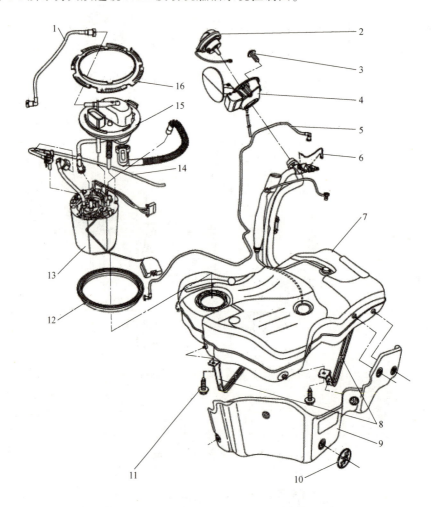

图4-4　2012款迈腾1.8TSI轿车燃油箱结构图

1—燃油管路　2—密封盖　3—紧固螺钉　4—燃油箱盖单元　5—排气管路　6—搭铁连接　7—燃油箱
8—张紧带　9—隔热板　10—夹紧垫片　11—螺栓　12、16—密封环　13—燃油输送单元
14—吸入式喷射泵　15—带燃油滤清器的法兰

3. 点火控制功能

点火系统的作用是在适当的时刻，用足够强的火花点燃气缸内的混合气。点火对汽油发动机的燃烧过程非常重要，点火系统工作的好坏将直接影响发动机的动力性、燃油经济性以及排放性能等指标，如图4-6所示。

点火系统由监测曲轴转角的位置传感器、发动机控制模块、点火线圈、高压线和火花塞等组成。图4-7所示为大众2012款迈腾1.8TSI发动机电控点火系统简图。

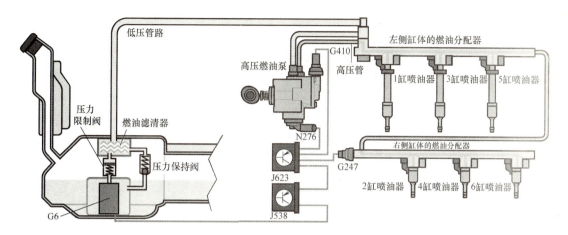

图 4-5　大众途锐 3.2L 发动机燃油系统控制图

G6—预供油燃油泵　G247—燃油压力传感器　G410—低压燃油压力传感器　J538—燃油泵控制单元
J623—发动机控制单元　N276—燃油高压调节阀

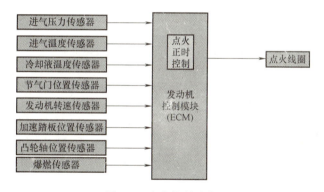

图 4-6　点火控制功能

4. 怠速控制功能

怠速控制是指发动机在运行时，为了维持自身运转所需的进气量而进行的控制。怠速转速主要取决于发动机冷却液温度。冷却液温度越高，怠速转速越低；冷却液温度越低，怠速转速越高。

另外，如果怠速时发动机负荷发生变化，如打开空调、前照灯等，ECM 的怠速控制系统将调节怠速阀的开度，以调节进入进气歧管的空气流量。ECM 对怠速空气流量进行控制是为了确保在怠速时，在不同操作状态所造成的发动机负荷变化下均可获得正确的怠速转速，如图 4-8 所示。

5. 排放控制功能

目前，各国对排放的要求越来越高，因此汽车上的排放控制装置越来越复杂。较常见的排放控制系统有曲轴箱强制通风系统（PCV）、废气再循环控制系统（EGR）、燃油蒸发控制系统（EVAP）以及三元催化转化器（TWC）等，如图 4-9 所示。

EGR 的主要功能是减少氮氧化物（NO_x），不参与燃烧的废气代替部分燃油和混合气一起再次进入气缸以降低燃烧温度，减少 NO_x 的生成。

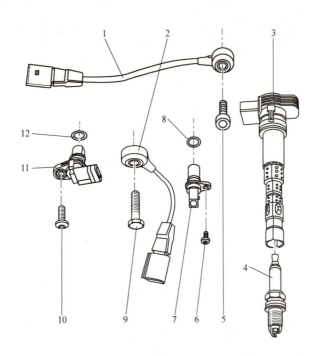

图 4-7　大众 2012 款迈腾 1.8TSI 发动机电控点火系统简图
1—爆燃传感器 G61　2—爆燃传感器 G66　3—带功率输出级的点火线圈
4—火花塞　5、6、9、10—螺栓　7—发动机转速传感器 G28
8、12—O 形圈　11—霍尔式传感器 G40

以汽油形态存在的碳氢化合物（HC）暴露在空气中时会蒸发，即使存储在燃油箱内也会蒸发。无论汽车是否在行驶，蒸发都会发生。EVAP 将燃油蒸气收集和存储起来以备燃烧，从而防止其泄漏到大气中。发动机运转时，在进气歧管真空的作用下，燃油蒸气被吸入气缸参加燃烧。

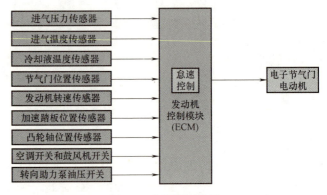

图 4-8　怠速控制功能

为了治理日趋严重的排放问题，自 20 世纪 70 年代起，汽车排气系统开始安装催化转化器。此后，催化转化器技术获得了稳步的发展。汽车上采用的三元催化转化器（TWC）通过化学反应可以将 HC 和 CO 转化为水（H_2O）和二氧化碳（CO_2），将 NO_x 转化为氮气（N_2）和氧气（O_2），从而降低了对大气的污染。

二、电控系统的组成

发动机电控系统由传感器、控制模块和执行器三部分构成。控制模块由传感器提供信号，输入信号经过分析计算后，控制模块给执行器提供控制信号，如图 4-10 所示。

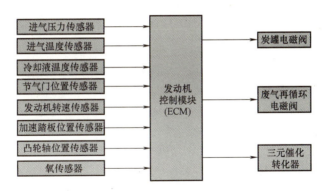

图 4-9 排放控制功能

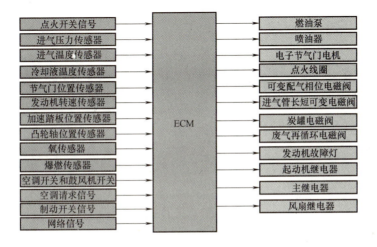

图 4-10 电控系统的组成

发动机电控系统中，常见的传感器有曲轴位置传感器、凸轮轴位置传感器、节气门位置传感器、进气压力传感器、氧传感器、冷却液温度传感器、进气温度传感器和爆燃传感器等。不同的车型，传感器数量、类型不尽相同，如五菱 CN113R 使用的 L2B 发动机还有加速踏板位置传感器等。

发动机控制模块作为传感器信号的接收者，各种不同的传感器信号经过其计算处理，再控制不同的执行器执行相应的动作，如喷油和点火等。

常见的执行器有怠速电动机、喷油器、点火线圈、EVAP 电磁阀、发动机故障指示灯、主继电器、燃油泵和压缩机等。在不同的车型上，执行器数量、类型也是不尽相同的。如五菱 CN113R 使用的 L2B 发动机还有电子节气门体电动机、VIM 电磁阀等。

有时，发动机控制模块只从这些传感器获取信号是不够的，还需要从控制器局域网（CAN）中其他模块中获取信息，五菱 CN113R 为了实现发动机防盗功能的控制，发动机控制模块需要与车身控制模块共同验证防盗信息。同时，发动机控制模块也需要通过 CAN 将一些信号发送给其他模块，如将发动机转速信号、车速信号、冷却液温度信号和燃油油位信号等信息发送给仪表模块。图 4-11 所示为大众途锐 3.2L 汽油发动机控制系统图。

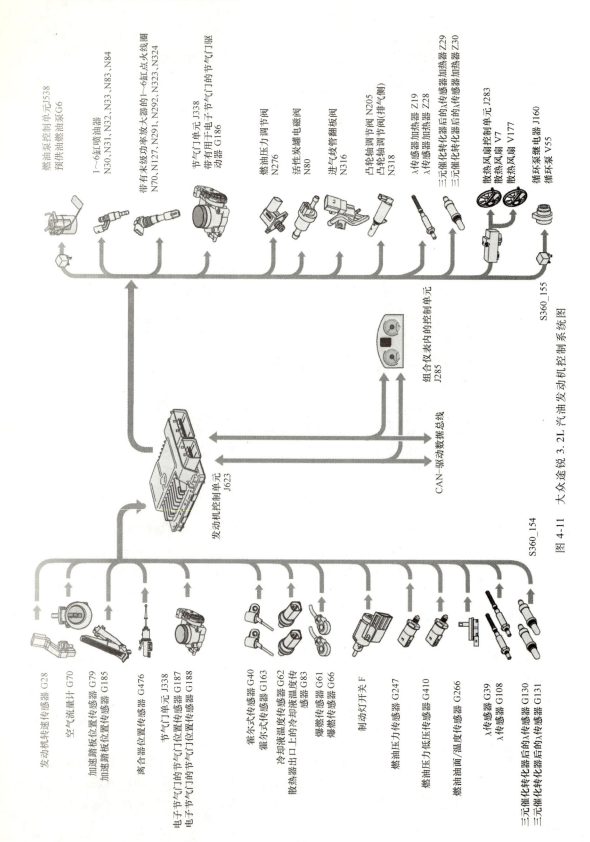

图 4-11 大众途锐 3.2L 汽油发动机控制系统图

第二节　传感器和执行器的类型

发动机电控系统是一个非常复杂的系统，传感器和执行器的类型和数量众多。因此在研究它们的结构和原理之前应进行简单分类。传感器和执行器按照不同的标准可以分成不同的类型。

一、传感器分类

1. 按照传感器工作时是否需要电源分类

按照传感器工作时是否需要电源，可以把传感器分为有源传感器和无源传感器两种。

大多数传感器工作时需要外部提供电源，如节气门位置传感器、进气压力传感器、霍尔式曲轴位置传感器、冷却液温度传感器等。但是一部分传感器不需要外部提供电源，而是自己产生信号，如磁电式曲轴位置传感器、爆燃传感器、氧传感器等。检测时要注意区分这两类传感器。

图 4-12 所示为五菱 CN113R 的 L2B 发动机曲轴位置传感器示意图，它是有源传感器，工作时需要发动机控制模块提供电压为 5V 电源。

图 4-13 所示为五菱 CN113R 的 L2B 发动机爆燃传感器示意图，它是无源传感器，工作时不需要发动机控制模块提供电源。

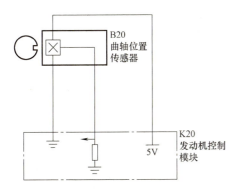

图 4-12　有源传感器

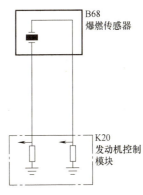

图 4-13　无源传感器

2. 按照传感器产生的信号特征分类

按照传感器产生的信号特征，可以把传感器分为以下三类。

（1）开关信号传感器

开关信号传感器只有两个状态，即开与关，如图 4-14 所示。制动开关、离合器开关和空调开关等都属于开关信号传感器。

（2）线性信号传感器

线性信号传感器指的是能够产生线性信号的传感器，如冷却液温度传感器、进气压力传感器和节气门位置传感器等。其信号变化往往呈现线性规律，如冷却液温度传感器的信号电压会随着冷却液温度的升高逐渐降低，节气门位置传感器的信号电压会随着节气门开度的变化而线性变化，如图 4-15 所示。

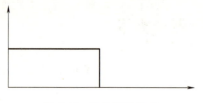

图 4-14 开关信号特点

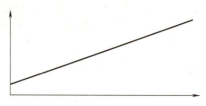

图 4-15 线性信号特点

（3）频率信号传感器

频率信号传感器指的是能够提供频率信号的传感器，如霍尔式或磁电式曲轴位置传感器、凸轮轴位置传感器和车速传感器等。这类传感器可以提供交流或直流脉冲信号，电子控制单元根据这种信号可以计算出发动机转速和车速等，如图 4-16 所示。

频率指的是单位时间内信号出现的次数，如发动机转速信号，其信号的频率会随着发动机转速的提高而增高，也就是说单位时间内的信号出现的次数会增加。对于直流脉冲信号，在用万用表电压档测量时，由于万用表测量的是平均电压，无论信号频率如何变化，其电压都是不变的。在用万用表测量交流频率信号时，不仅频率会增高，电压也会升高。

二、执行器分类

执行器按照功能分为以下几类。

1. 电磁阀

电磁阀的内部结构很简单，通常是一个电磁线圈。发动机控制模块通过开关信号或占空比信号来控制电磁阀的工作。如果发动机控制模块通过开关信号来控制，则电磁阀只有两种状态：开和关；如果电磁控制模块通过占空比信号来控制，那么电磁阀可以停留在任何一个位置，进而控制气体或液体流通面积的大小。喷油器（图 4-17）的控制信号属于开关信号，而 EVAP 电磁阀的控制信号属于占空比信号。

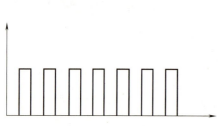

图 4-16 频率信号特点

图 4-17 喷油器

2. 电动机

电动机的运转可以使某些部件发生旋转或位置偏移，如节气门电动机等。电动机的运转还可以提高液体的压力，如汽油泵等，如图 4-18 所示。

3. 加热器

加热器的作用是给某些部件加热，使其温度升高，如氧传感器加热器等，如图 4-19 所示。

图 4-18　汽油泵

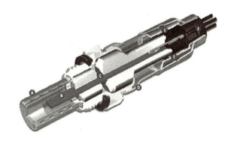
图 4-19　氧传感器加热器

4. 变压器

变压器的作用是提高电压，如点火线圈，它能将蓄电池供电电压提高到上万伏，如图 4-20 所示。

5. 指示灯

指示灯的作用是提醒驾驶人或维修技师车辆某些系统的状态出现了故障需要维修，如发动机故障灯（图 4-21）。

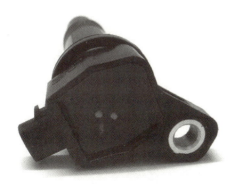
图 4-20　点火线圈

图 4-21　发动机故障灯

6. 其他执行器

如继电器，发动机控制模块通过继电器对某些功率较大的用电设备进行控制，如图 4-22 所示。

三、案例学习

1. 故障现象

一辆搭载 L2B 发动机的五菱 CN113R，可以正常起动，上路行驶，但行驶数千米后就会出现加速无力，进气歧管回火、放炮现象，同时发动机故障灯点亮。用检测仪读取故障码为：P0130 上游氧传感器 1 线路断路无信号。

2. 故障检测和分析

根据电路图找到前氧传感器的信号线，打开点火开关，正常情况下此信号线的电压应为 0.45V 左右。但是在传感器插头位置这根线的电压为 0V，在发动机控制模块插头处测量电压正常。说明氧传感器信号线断路，如图 4-23 所示。

图 4-22 继电器

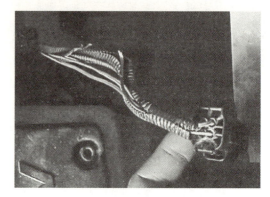

图 4-23 氧传感器信号线断路

3. 故障处理

接线后故障排除。

由本故障案例可知,正确掌握传感器和执行器的工作原理和检测方法,有利于快速找到故障原因。

第三节　学习成果自检

填写以下表格,检验自己的学习成果。

序号	问　　题	自检结果
1	发动机电控系统有哪些功能	
2	发动机电控系统由哪三部分组成	
3	按照传感器工作时是否需要电源,可以把传感器分为哪两类	
4	按照传感器产生的信号特征,可以把传感器分为哪三类	
5	执行器分为几类	

第四节　章练习题

一、单项选择题

	下列传感器需要发动机控制模块提供 5V 电源的是(　　)。	
问题 1	A	爆燃传感器
	B	氧传感器
	C	磁电式曲轴位置传感器
	D	进气压力传感器

	下列哪个传感器产生的是频率信号?(　　)	
问题 2	A	制动开关
	B	氧传感器
	C	磁电式曲轴位置传感器
	D	进气压力传感器

问题 3	下列执行器中属于电动机的是(　　)。	
	A	节气门执行器
	B	EVAP 执行器
	C	VIM 执行器
	D	喷油器

二、多项选择题

问题 1	下列哪些属于发动机电控系统的功能？(　　)	
	A	进气控制
	B	点火控制
	C	燃油控制
	D	怠速控制

问题 2	发动机电控系统的组成包括(　　)。	
	A	传感器
	B	执行器
	C	控制模块
	D	配气机构

三、简答题

简述发动机电控系统的功能。

四、思考与讨论

L2B 发动机的哪些传感器属于有源传感器，哪些属于无源传感器？

第五章 传感器的原理和诊断

● 学习要点：

1）压力传感器的原理和诊断。
2）转速传感器的原理和诊断。
3）位移传感器的原理和诊断。
4）氧传感器的原理和诊断。
5）温度传感器的原理和诊断。
6）爆燃传感器的原理和诊断。

● 学习目标：

1）能够解释压力传感器的原理并掌握诊断方法。
2）能够解释转速位置传感器的原理并掌握诊断方法。
3）能够解释位移传感器的原理并掌握诊断方法。
4）能够解释氧传感器的原理并掌握诊断方法。
5）能够解释温度传感器的原理并掌握诊断方法。
6）能够解释爆燃传感器的原理并掌握诊断方法。

第一节 压力传感器

在发动机电控系统中，发动机控制模块（ECM）通过进气压力传感器来监测进气歧管的绝对压力，发动机控制模块根据监测到的信号和其他相关传感器的信号来计算发动机的当前进气量。

进气压力传感器通过一个空气通道与进气歧管连通，用于监测进气歧管内的绝对压力。该传感器可以制成一个装在发动机控制模块（ECM）上的元件，或者制成一个装在进气歧管上或装在其附近的传感器，用软管将传感器与进气歧管连通。

博世 D 型汽油喷射系统不设空气流量计，而是利用进气压力传感器测量节气门后进气管内的绝对压力，并以此作为 ECM 计算喷油量的主要参数。在发动机工作时，节气门开度增大，进气量增多，进气歧管压力相应增高。因此，进气歧管压力的大小反映了进气量的多少。常见的进气压力传感器有膜盒式和应变仪式两种。

1. 进气压力传感器的作用

为了形成空燃比合适的混合气，吸入发动机的空气需要进行精确计量，目前五菱汽车全部使用进气歧管绝对压力传感器测量进气量。进气歧管绝对压力传感器安装在进气歧管内，如图 5-1 所示。

进气压力传感器通过测量进气歧管内的压力值来判断进气量。ECM 利用此信号来确定发动机的基本喷油脉宽和基本点火提前角。

2. 应变仪式进气歧管压力传感器的结构与工作原理

物体因承受应力而变形时，由于长度发生变化，其电阻值也将改变。应变仪式进气歧管压力传感器就是根据这一原理设计的。如图 5-2 所示，传感器的主要元件是一个很薄的硅钢片，其四周较厚，中间最薄。硅钢片上下两面各有一层二氧化硅薄膜。沿硅钢片四周有 4 个传感电阻。在硅钢片的四角各有 1 个金属块，通过导线与传感电阻相连。

图 5-1 进气歧管绝对压力传感器

硅钢片底部粘接硼硅酸玻璃片，在硅钢片中部形成真空室。硅钢片装在密闭的容器内，容器顶部与进气歧管相通，使进气歧管压力作用在硅钢片上。

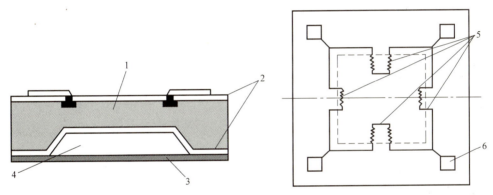

图 5-2 应变仪式进气歧管压力传感器
1—硅钢片 2—二氧化硅膜 3—硼硅酸玻璃片 4—真空室 5—传感电阻 6—金属块

硅钢片上的 4 个传感电阻接成桥式电路（图 5-2）。在硅钢片无变形时，电桥调到平衡状态。压膜片上有 4 个压电电阻，这 4 个压电电阻作为应变元件组成一个惠斯通电桥，如图 5-3 所示。硅钢片上除了这个压力膜片以外，还集成了信号处理电路。

硅钢片与一个金属壳体组成封闭的参考空间，参考空间内的气体绝对压力接近于零。这样就形成了一个微电子机械系统。硅钢片的活性面经受着一个接近于零的压力，它的背面经受着通过一根接管引入的、特测的进气歧管绝对压力。硅钢片的厚度只有几微米（μm）。因此进气歧管绝对压力的改变会使硅钢片发生机械变形，4 个压电电阻随之变形，其电阻值改变。通过硅钢片的信号处理电路处理后，形成与压力成线性关系的电压信号。

3. 进气压力传感器的信号特征

随着进气歧管的压力逐渐降低，其信号电压呈线性下降的趋势。也就是说，进气歧管的压力越高，传感器的电压越高；相反，进气歧管的压力越低，传感器的电压越低，如图 5-4 所示。

进气压力传感器属于有源线性传感器，目前五菱汽车主要采用两种形式的进气压力传感器，即三线式和四线式。

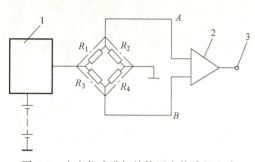
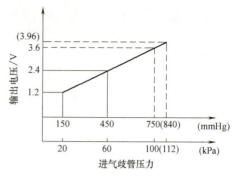

图 5-3 应变仪式进气歧管压力传感器电路
1—稳压电源 2—差动放大器 3—输出端

图 5-4 信号特征

四线式进气压力传感器实际上是将进气压力和进气温度两个传感器集成在一起。它比三线式进气压力传感器多了一根进气温度信号线（同时也是电源线），两个传感器共用搭铁线。图 5-5 所示为 L2B 发动机进气歧管绝对压力传感器的电路图。

4. 进气压力传感器的诊断

（1）检测仪数据

打开点火开关汽车未起动时，进气压力传感器显示的数值应与当地的大气压一致，如图 5-6 所示。热车怠速时，进气压力应下降到 30kPa 左右，加速到发动机转速为 2000r/min 时，进气压力的数值应降低到 25kPa 左右，如图 5-7 所示。

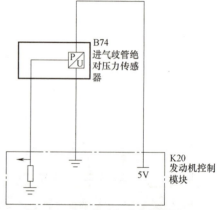

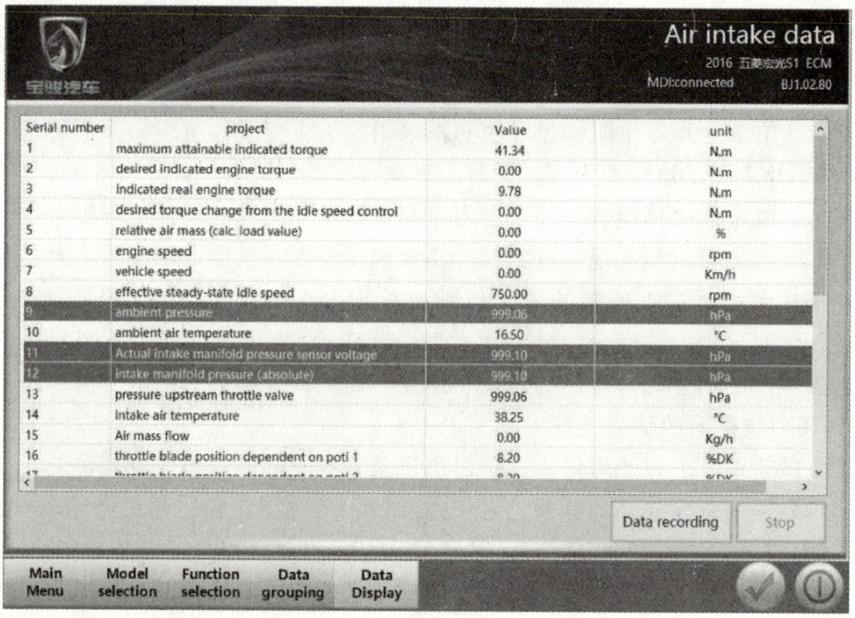

图 5-5 L2B 发动机进气歧管绝对压力传感器的电路图

图 5-6 打开点火开关汽车未起动数据

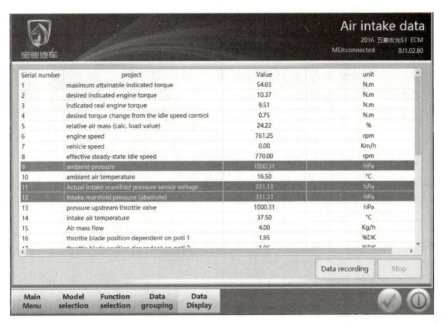

图 5-7 怠速时数据

（2）万用表测量

1）在打开点火开关，不拔下进气压力传感器线束连接器的状态下测量信号线路对搭铁的电压。

2）正常情况下，打开点火开关汽车未起动时，其电压为 3.8V 左右，发动机怠速运行时其电压为 1.4V 左右。

3）如果信号电压异常，则需进行以下检查：

① 检查传感器的电源是否存在开路，对搭铁短路、开路。

② 检查传感器的搭铁是否存在开路。

③ 检查信号线路是否开路、对搭铁短路或对电源短路。

④ 如果以上检查都正常，则更换压力传感器。

注意：在检查传感器的电源、搭铁和信号电路时，如果发现电路电压不正确，则不一定单纯是外部线路的问题，也可能是模块内部的线路问题或传感器内部的线路问题。因为模块或传感器不能维修，所以必须采用更换元件的方法进行维修。

第二节 转速位置传感器的原理和诊断

发动机电控系统的转速位置传感器主要有曲轴位置传感器、凸轮轴位置传感器以及车速传感器等。按照传感器的结构原理可以把它们分成两类：磁电式和霍尔式，目前使用较多的是霍尔式传感器，磁电式传感器较少。

一、磁电式转速位置传感器

1. 结构

磁电式传感器目前为中高档轿车发动机管理系统普遍采用，它由一个铁磁性材料制成的齿盘和一个感应传感器组成,如图 5-8 所示。脉冲盘装在曲轴上,整体装在机体里,不可与起动齿圈混淆。脉冲盘通常有 60 个齿,空缺 2 个齿。感应传感器壳体内装有永久磁铁和软铁心,铁心上绕有线圈。整个感应传感器固定在发动机机体上。每逢脉冲盘的齿经过感应传感器,引起磁通量变化,便会在线圈中感应出一个交变电压信号,缺齿处信号特殊,如图 5-9 所示。此交变电压的幅值随齿盘和感应传感器距离的增大而减小,随转速的提高而增大。但只要转速超过 20r/min 就会有足够幅值的正弦交变电压。ECM 将各种幅值不同的正弦电压转换成恒定幅值的矩形波,据此可计算曲轴位置和转速。

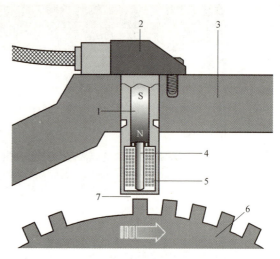

图 5-8 脉冲盘感应传感器
1—永久磁铁 2—感应传感器壳体 3—发动机机体
4—软铁心 5—线圈 6—脉冲盘 7—气隙

线圈的两头作为输出端延伸出来,形成信号正和信号负两个线。信号轮与传感器磁铁有一定气隙。信号轮分布有信号齿,不同信号齿的齿数和齿间距因需求而不同。

2. 工作原理

如图 5-9 所示,传感器与信号齿之间有较大间隙,磁力线发散,线圈中的磁通量较小。传感器与信号齿之间有较小间隙,磁力线聚集,线圈中的磁通量较大。

如果齿轮旋转起来,则线圈中的磁通量会交替变化,传感器感应出交流电压。当信号轮凸齿接近并对正电磁线圈时,磁场增强;当信号轮凸齿离开电磁线圈时,磁场减弱,在感应线圈中产生交变的感应电动势,其频率和幅值随发动机转速的提高而增大。

3. 信号特征

磁电式传感器感应用信号有以下特性(图 5-10):

1) 信号为交流信号。
2) 信号电压的大小与转速有关,转速越高,电压越高。
3) 间隙越大,信号电压越小。

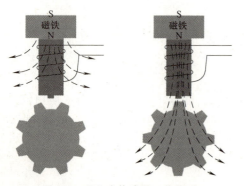

图 5-9 磁电式传感器工作原理

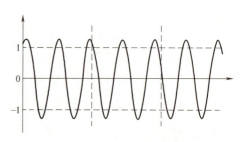

图 5-10 磁电式传感器信号特征

磁电式传感器在发动机转速较低时产生的交流信号较弱，容易被外界线路的磁场干扰，因此这类传感器需要在线束外加屏蔽线来防止外界的电磁干扰。

该传感器工作时不需要 ECM 提供电源，因此它属于典型的无源频率传感器。图 5-11 所示为磁电式曲轴位置传感器的电路图。

4. 磁电式传感器的诊断

1) 在不拔下传感器插头的状态下，万用表选择交流电压档，测量任意一根信号线对搭铁的电压。

2) 正常情况下，发动机转速为 300r/min 左右时电压约为 1.5V，800r/min 时约为 2.0V。

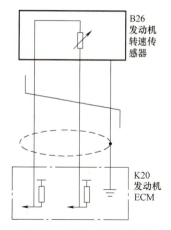

图 5-11　磁电式曲轴位置传感器电路图

3) 如果信号电压异常，则进行如下检查：
① 检查 2 个信号线路是否开路。
② 检查 2 个信号线路是否对搭铁短路。
③ 检查 2 个信号线路是否对电源短路。
④ 检查传感器头部是否有异物。
⑤ 检查信号齿与传感器的间隙是否合适。
⑥ 检查信号齿有无变形或位移。
⑦ 如果以上检查均正常，则更换传感器。

二、霍尔式转速位置传感器

1. 结构

霍尔式转速位置传感器由霍尔元件、传感器内部磁铁、信号齿、供电和信号电路组成，如图 5-12 所示。

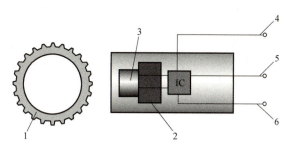

图 5-12　霍尔式转速位置传感器
1—信号轮　2—磁铁　3—霍尔元件　4—接电源　5—电压信号输出　6—搭铁

2. 工作原理

美国物理学家霍尔发现，如果对位于磁场 B 中的半导体基片施加电流 I，该磁场的方向垂直于所施加电压的方向，则在既与磁场垂直又与所施加电流方向垂直的方向上会产生另一个电压，人们将这个电压称为霍尔电压（U_h），这种现象称为霍尔效应。

霍尔式传感器根据霍尔效应中霍尔电压受变化的磁场感应强度影响的原理制造。

当电流 I_s 通过一半导体薄片时，在电流的右旋方向就会产生霍尔电压 U_h，其值与磁感

应强度 B（与电流 I_s 垂直）和电流 I_s 成正比。霍尔电压受变化的磁感应强度 B 的影响，如图 5-13～图 5-15 所示。

当传感器与信号轮的凸齿对正时，穿过霍尔元件的磁力线集中，磁场较强，霍尔元件会产生一个毫伏（mV）级别的霍尔电压，如图 5-16 所示。随着信号轮的转动，霍尔元件就会输出一个毫伏级别的正弦波电压。此信号电压还需要由电子电路转换为标准的脉冲电压。

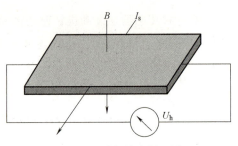

图 5-13 霍尔效应原理图

I_s—电流 B—磁场 U_h—霍尔电压

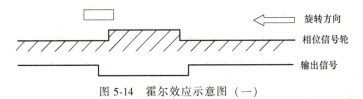

图 5-14 霍尔效应示意图（一）

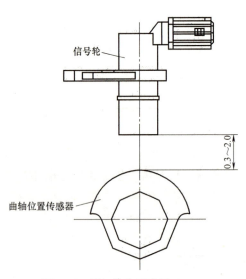

图 5-15 霍尔效应示意图（二）

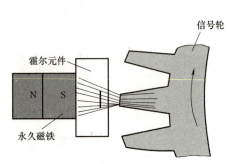

图 5-16 霍尔效应原理（一）

当传感器与信号轮的缺口对正时，穿过霍尔元件的磁力线分散，磁场较弱，霍尔元件不产生霍尔电压，如图 5-17 所示。

一般情况下霍尔电压很弱，不能直接作为电子控制单元识别的信号。因此通常让该霍尔电压驱动一个晶体管。同时为了信号的稳定，内部有稳压电路、温度补偿电路等。依据信号轮与霍尔元件的位置，当霍尔元件产生霍尔电压时，电压加载在晶体管的基极上，从而导致晶体管导通。霍尔元件没有霍尔电压或电压很弱时，晶体管截止，如图 5-18 所示。

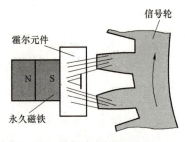

图 5-17 霍尔效应原理（二）

为方便理解，可以把霍尔传感器看作通过信号齿的接近、离去来控制信号线与搭铁线之间的导通与断开。

图 5-19 所示为上汽通用五菱 L2B 发动机转速位置传感器电路图，该传感器共有三根线，一个接电源（电压通常为 5V），另一个搭铁，还有一个信号。该传感器属于典型的有源频率传感器。

注意：对于不同的电控系统，传感器的信号电压可能不同，如西门子系统信号电压为 5V，而联合电子系统的信号电压为 10V 左右。

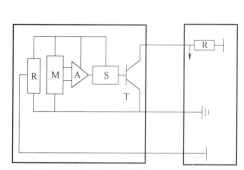

图 5-18 霍尔元件工作原理示意图

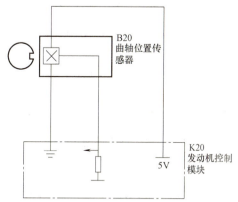

图 5-19 上汽通用五菱 L2B 发动机转速位置传感器电路图

3. 信号特征

根据电子控制系统的不同，传感器的信号电压为 0~5V 或 0~10V 的脉冲信号，如图 5-20 所示。

4. 应用

目前大多数发动机曲轴位置传感器都为霍尔式。图 5-21 所示为 L2B 发动机霍尔式曲轴位置传感器。该传感器的信号齿为 60-2 个。ECM 通过监测单位时间内信号轮转过的齿数来计算发动机转速。两个缺齿的位置用来判断发动机的上止点位置。曲轴位置传感器的作用可以总结为以下几点：

1) 检测发动机转速，ECM 根据其信号计算进气量，确定基本喷油量和基本点火提前角。

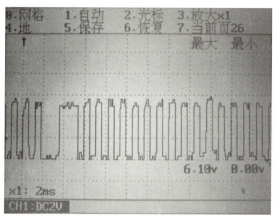

图 5-20 信号特征

图 5-21 L2B 发动机霍尔式曲轴位置传感器

2）利用信号轮的缺口位置来判缸，能够确定 1 缸或者 4 缸处在压缩上止点前的某一角度，ECM 结合凸轮轴位置传感器的信号可以准确判断 1 缸压缩上止点。

3）检测曲轴转过的角度，ECM 可以根据其信号判定活塞运行的任一位置，进而确定点火时刻和喷油时刻。

ECM 除了利用其信号确定基本喷油脉宽和基本点火提前角外，还利用其信号进行怠速控制、废气再循环控制和燃油蒸发控制等。

L2B 发动机的凸轮轴位置传感器也是霍尔式的。凸轮轴位置传感器安装在缸盖上，如图 5-22 所示。由于凸轮轴位置传感器相对凸轮轴安装，能够提供判断 1 缸压缩上止点的信号，ECM 可以利用此信号来进行顺序喷油和点火控制。在曲轴位置传感器失效的情况下，还可以作为替代信号使用。

在配置有可变气门正时（VVT）系统的发动机上，ECM 可以利用凸轮轴位置传感器反馈的信号来判断 VVT 系统是否工作正常。如果是双可变气门正时（DVVT）系统，则在进、排气凸轮轴上都安装有凸轮轴位置传感器。

五菱 CN113R 的车速传感器也是霍尔式传感器，如图 5-23 所示。其电源由主继电器提供，而不是由 ECM 提供。搭铁线也不是通过 ECM 内部搭铁。霍尔式车速传感器属于有源传感器。

图 5-22　L2B 发动机凸轮轴位置传感器

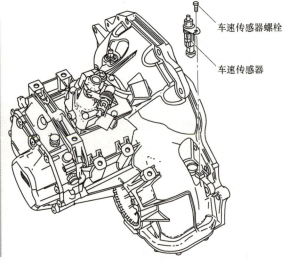

图 5-23　车速传感器

5. 霍尔式传感器的诊断

1）拆卸传感器，连接线束连接器，在打开点火开关的状态下，测量信号线路对搭铁的电压。用一个金属导体靠近或离开传感器头部。

2）正常情况下，信号电压会随着金属导体的接近和离去在高电位和低电位之间变化，这种情况说明传感器及其线路正常。

3）如果信号电压异常，则需进行以下检查：

① 检查传感器的电源是否存在开路，对搭铁短路、开路。

② 检查传感器的搭铁是否存在开路。

③ 检查信号线路是否存在开路、对搭铁短路或对电源短路。

④ 如果以上检查都正常，则更换传感器。

4）在对信号电压检查正常的情况下，需进一步检查传感器头部是否有异物、信号齿与传感器的间隙是否合适以及信号齿有无变形或位移。

三、典型位置传感器

1. 奇瑞 A3 位置传感器

（1）曲轴位置传感器

1）用途。曲轴位置传感器的输出可用于决定发动机曲轴的旋转位置和转速，是系统中给 ECM 最主要的信号输出。该传感器是磁电式传感器，安装于曲轴附近，与曲轴上的 58x 齿圈共同工作。曲轴转动时，58x 的齿顶和齿槽以不同的距离通过传感器，传感器感应到磁阻的变化。该交变磁阻产生了交变的输出信号，而 58x 齿圈上的缺口位置与发动机上止点的位置相对应，在 1 缸上止点时，传感器对准 58x 齿圈第 20 个齿的下降沿，ECM 利用此信号确定曲轴的旋转位置和转速，如图 5-24 所示。

2）工作原理。磁电式传感器是模拟交流信号发生器，产生的是交流信号，它一般由线圈缠绕的磁铁和两个接线端子组成。这两个接线端子就是传感器的输出端子，当铁质环状齿轮（有时称磁阻轮或靶轮、信号轮）转动经过传感器时，由于此时线圈内磁铁通过线圈的磁通量会有一定变化，线圈里会产生感应电压。

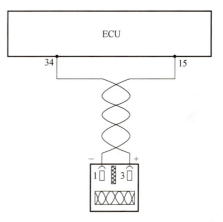

图 5-24　奇瑞 A3 曲轴位置传感器电路图
1—传感器搭铁线（对应 ECU34#）
3—传感器电源（对应 ECU15#）

信号轮上相同齿形会产生相同形式的连续脉冲，脉冲有一致的形状幅值（峰对峰电压），与曲轴信号轮的转速成正比，输出信号的频率基于信号轮的转动速度，传感器磁极与磁组轮间隙对传感器信号幅值的影响极大（因此安装时要注意齿隙）。在生产加工过程中，剔除传感器上一个齿或两个相互靠近的齿所产生的同步脉冲，可以确定上止点的信号，这会引起输出信号频率的变化。而在齿减少的情况下，电压输出幅值也会有很大变化。该脉冲信号传送到 ECM，ECM 根据它来控制发动机的点火、喷油。

由于磁电式曲轴位置传感器信号较弱，而且容易受高压点火线、车载电话、散热风扇、起动机等电子设备的电磁干扰，会引起行驶性能故障或产生故障码，为防止该现象出现，在制造发动机线束过程中，曲轴位置传感器的两根信号线采用了双绞线结构形式。采用这种形式可以有效防止外界信号对曲轴位置传感器信号产生影响，而且降低了生产成本。

3）组成。内部为磁电式传感器形式，两线式，由 ECM 提供参考电压。

4）安装要求。安装在缸体后部，信号轮安装在曲轴上，与曲轴同步运转，提供曲轴转速、转角和基准点等信息。安装间隙为 0.8~1.2mm。

5）故障现象。如果曲轴位置传感器损坏或者信号变形、失真，则有可能导致发动机断续点火、不能起动和油耗增加等故障。

6）故障诊断。传感器线路短路、断路，信号失真、错误、不可信，传感器信号不稳定，传感器信号超出范围。

7）故障排除。用诊断仪检查故障码，确认故障点，主要检查传感器安装是否到位，间隙是否正常，确认线路是否与搭铁线发生短路、断路，是否与电源短路、断路，检查线路与所给端子定义是否相符。

（2）凸轮轴位置传感器

1）用途。凸轮轴位置传感器为ECM提供凸轮轴的相位信息，此信息与曲轴位置传感器所提供的信息结合起来用于判断发动机处于工作循环中的哪个行程。凸轮轴每转一周，传感器就根据霍尔效应产生一系列电磁脉冲信号。ECM在得到这些信号后，综合计算点火时机，同时控制喷油器向正确的气缸喷油，凸轮轴位置传感器为辅助传感器，对发动机排放影响很大，如图5-25所示。

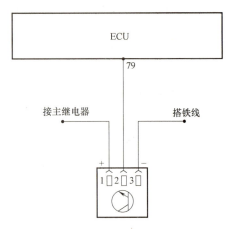

图5-25 奇瑞A3凸轮轴位置传感器电路图
1—传感器电源（接主继电器）；2—传感器信号（对应ECU79#）；3—传感器搭铁线

2）组成。内部为霍尔式传感器形式，三线式，由ECM提供参考电压。联电系统的凸轮轴位置传感器比较特殊，其工作电压较高，在维修检测过程中应该注意。

3）安装要求。凸轮轴位置传感器安装在气门室罩盖后部，信号轮安装在凸轮轴后部，与凸轮轴同步运转，提供凸轮轴位置信息。力矩要求为（8±2）N·m，安装间隙为0.8~1.2mm。

4）故障诊断。传感器线路短路，断路，信号失真、错误、不可信，传感器信号不稳定，传感器信号超出范围。

5）故障排除。用诊断仪读取故障码，确认故障点，主要检查传感器安装是否到位，间隙是否正常，确认线路是否与搭铁线发生短路、短路，是否与电源短路，检查线路与所给端子定义是否相符。

2．一汽丰田卡罗拉典型位置传感器

（1）曲轴位置传感器

1）用途与工作原理。曲轴位置传感器系统由1号曲轴位置信号盘和耦合线圈组成。1号曲轴位置信号盘有34个齿，安装在曲轴上。耦合线圈由缠绕的铜线、铁心和磁铁组成。1号曲轴位置信号盘旋转时，随着每个齿经过耦合线圈，会产生一个脉冲信号。曲轴每转一周，耦合线圈产生34个信号。ECM根据这些信号计算出曲轴位置和发动机转速。利用这些计算结果控制喷油持续时间和点火正时。曲轴位置传感器电路图如图5-26所示。

2）检查程序。

① 执行曲轴位置传感器的检查程序后，如果再次输出DTC P0335和/或DTC P0339故障码，则检查以下与凸轮轴位置传感器相关的项目。

a. 凸轮轴位置传感器的安装情况。

b. 凸轮轴的安装情况。

c. 凸轮轴位置传感器连接器连接情况。

② 如果在诊断故障排除程序中未发现故障，则对发动机机械系统进行故障排除。

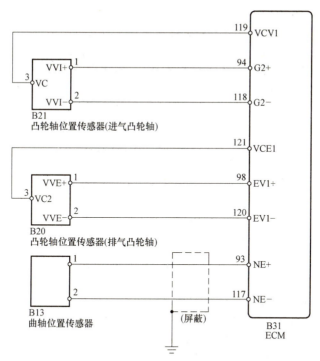

图 5-26 曲轴位置传感器电路图

③ 检查发动机转速。

④ 使用智能检测仪读取定格数据。

3）故障诊断。

① 使用智能检测仪读取数据（发动机转速）：

正常：显示正确的值。

提示：显示智能检测仪上的图表以检查发动机转速的变化。如果发动机未起动，则运转时检查发动机转速。如果显示在智能检测仪上的发动机转速始终为零，则曲轴位置传感器电路可能断路或短路。

② 检查曲轴位置传感器电阻，阻值应符合要求。

③ 检查线束和连接器（曲轴位置传感器-ECM）。

a. 断开曲轴位置传感器连接器。

b. 断开 ECM 连接器。

c. 测量曲轴位置传感器连接器到 ECM 线束的电阻，其值应小于 1Ω。

d. 重新连接曲轴位置传感器连接器。

e. 重新连接 ECM 连接器。

④ 检查传感器的安装情况是否符合技术要求。

⑤ 检查 1 号曲轴位置信号盘（信号盘齿）是否符合技术要求。

⑥ 检查曲轴位置传感器的信号波形是否符合技术要求。满足如下条件时，正常的曲轴位置传感器的信号波形如图 5-27 所示。

a. ECM 端子名称：CH2，在 NE+ 和 NE- 之间。

b. 检测仪量程：5V/格，20ms/格。

c. 条件：发动机暖机时怠速。提示：波长随发动机转速的增加而变短。

（2）凸轮轴位置传感器

1）用途与工作原理。VVT（可变气门正时）系统调节进气门正时以提高操纵性能。机油压力使 VVT 控制器转动以调节气门正时。

凸轮轴正时机油控制阀总成可切换机油管路。ECM 将 12V 电压施加到电磁阀上时会移动此阀。ECM 根据凸轮轴位置、曲轴位置、节气门位置等来改变电磁阀（占空比）的励磁时间。凸轮轴正时机油控制阀总成工作原理图如图 5-28 所示。

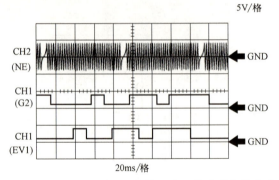

图 5-27 正常的曲轴（凸轮轴）位置传感器信号波形

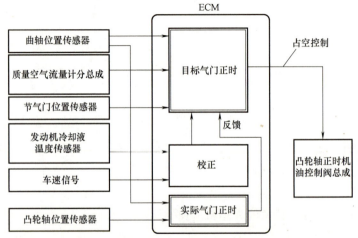

图 5-28 凸轮轴正时机油控制阀总成工作原理图

ECM 利用 VVT（可变气门正时）系统使气门正时达到最佳，以控制进气和排气凸轮轴。VVT 系统包括 ECM、凸轮轴正时机油控制阀总成和 VVT 控制器（凸轮轴正时齿轮总成）。ECM 向凸轮轴正时机油控制阀总成发送目标占空比信号。该控制信号用来调节提供给 VVT 控制器的机油压力。VVT 控制器可以提前或延迟进气或排气正时。

2）凸轮轴正时机油控制阀总成（进气凸轮轴）电路断路或短路检查程序。

① 电路图如图 5-29 所示。

图 5-29 凸轮轴正时机油控制阀总成（进气凸轮轴）电路图

② 检查程序。使用智能检测仪读取定格数据。存储 DTC（诊断故障码）时，ECM 将车辆和驾驶条件信息记录为定格数据。进行故障排除时，定格数据有助于确定故障出现时车辆是运行还是停止、发动机是暖机还是冷机、空燃比是小还是大，以及其他数据。

a. 使用智能检测仪执行主动测试（操作凸轮轴正时机油控制阀总成）。

Ⅰ. 将智能检测仪连接到 DLC3。

Ⅱ. 起动发动机。

Ⅲ. 打开检测仪。

Ⅳ. 打开空调开关。

Ⅴ. 进入相关菜单。

Ⅵ. 使用检测仪操作凸轮轴正时机油控制阀总成（进气凸轮轴）时，检查发动机转速。

b. 检测结果：正常发动机转速为 0%；发动机怠速不稳或失速为 100%。

③ 检查凸轮轴正时机油控制阀总成（进气凸轮轴）。

a. 拆下凸轮轴正时机油控制阀总成（进气凸轮轴）。

b. 常温下测量电阻，如图 5-30 所示。标准电阻为 6.9~7.9Ω。

c. 将蓄电池正极端子连接到端子 1 上，将蓄电池负极端子连接到端子 2 上。检查阀的工作情况，正常时阀应迅速移动，如图 5-31 所示。

d. 重新安装凸轮轴正时机油控制阀总成（进气凸轮轴）。

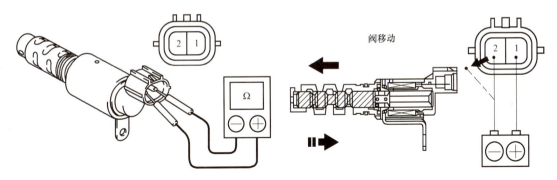

图 5-30　常温下测量电阻　　　　　图 5-31　检查阀的工作情况

④ 检查线束和连接器（凸轮轴正时机油控制阀总成-ECM）。

a. 断开凸轮轴正时机油控制阀总成（进气凸轮轴）连接器。

b. 断开 ECM 连接器。

c. 测量凸轮轴正时机油控制阀总成端子至 ECM 端子的电阻，其值应符合如下技术要求：B23-1-B31-74 始终小于 1Ω，B23-2-B31-96（OC1-）始终小于 1Ω。

d. 重新连接凸轮轴正时机油控制阀总成（进气凸轮轴）连接器。

e. 重新连接 ECM 连接器。

检查凸轮轴正时机油控制阀总成（排气凸轮轴）与进气凸轮轴的检查程序一样，不再赘述。

3）凸轮轴位置传感器电路故障诊断。

① 描述。进气凸轮轴的凸轮轴位置传感器（G 信号传感器）由磁铁和磁阻元件（MRE）组成。凸轮轴有一个凸轮轴位置传感器的正时转子。凸轮轴转动时，正时转子与

MRE 之间的气隙发生改变，从而影响磁场。这样，MRE 的电阻发生波动。凸轮轴位置传感器将凸轮轴旋转数据转换成脉冲信号，并将这些脉冲信号发送到 ECM，以确定凸轮轴转角。然后，ECM 利用此数据来控制喷油时间和喷油正时。

② 检查凸轮轴位置传感器信号波形是否符合技术要求。满足如下条件时，正常的凸轮轴位置传感器的信号波形如图 5-27 所示。

a. ECM 端子名称。

CH1：在 G2+ 和 G2- 之间。

CH1：在 EV1+ 和 EV1- 之间。

b. 检测仪量程：5V/格，20ms/格。

c. 条件：发动机暖机时怠速。提示：波长随发动机转速的提高而变短。

③ 检查程序。

提示：使用智能检测仪读取定格数据。存储 DTC 时，ECM 将车辆和驾驶条件信息记录为定格数据。进行故障排除时，定格数据有助于确定故障出现时车辆是运行还是停止、发动机是暖机还是冷机、空燃比是小还是大，以及其他数据。

如果在诊断故障排除程序中未发现故障，则对发动机机械系统进行故障排除。

a. 检查是否有其他 DTC 输出（除 DTC P0340、DTC P0342 和 DTC P0343 外）

Ⅰ. 将智能检测仪连接到 DLC3。

Ⅱ. 将点火开关置于 ON 位。

Ⅲ. 打开检测仪。

Ⅳ. 进入以下菜单：Powertrain/Engine and ECT/DTC。

Ⅴ. 读取 DTC。

提示：如果输出了除 DTC P0340、DTC P0342 和 DTC P0303 外的其他 DTC，则应先对其他 DTC 进行排除。

b. 检查凸轮轴位置传感器（进气凸轮轴）（电源）。

Ⅰ. 断开凸轮轴位置传感器（进气凸轮轴）连接器。

Ⅱ. 将点火开关置于 ON 位。

Ⅲ. 测量电压。检测仪连接：B21-3（VC）-车身搭铁，点火开关置于 ON 位，电压值为 4.5~5.5V，如图 5-32 所示。

Ⅳ. 重新连接凸轮轴位置传感器（进气凸轮轴）连接器。

c. 检查线束和连接器［凸轮轴位置传感器（进气凸轮轴）-ECM］。

Ⅰ. 断开凸轮轴位置传感器（进气凸轮轴）连接器。

Ⅱ. 断开 ECM 连接器。

Ⅲ. 测量凸轮轴位置传感器（进气凸轮轴）端子至 ECM 端子连接线的电阻，其值应符合如下技术要求：B21-1（VVI+）-B31-94（G2+）始终小于 1Ω，B21-2（VVI-）- B31-118（G2-）始终小于 1Ω，B21-3（VC）- B31-119（VCV1）始终小于 1Ω。

Ⅳ. 重新连接凸轮轴位置传感器（进气凸轮轴）连接器。

Ⅴ. 重新连接 ECM 连接器。

d. 检查传感器的安装情况［凸轮轴位置传感器（进气凸轮轴）］。

Ⅰ. 检查凸轮轴位置传感器（进气凸轮轴）的安装情况。正常：传感器安装正确，如图 5-33 所示。

e. 检查进气凸轮轴（正时转子）

检查进气凸轮轴的正时转子。正常：凸轮轴正时转子无任何破裂或变形。

f. 更换凸轮轴位置传感器（进气凸轮轴）。

g. 调节气门正时。

提示：气缸盖上没有可用于配合气门正时检查的标记。只有将正时链上的彩色片和带轮上的标记对准，才能检查气门正时，如图 5-34 所示。

h. 检查 DTC 是否再次输出（DTC P0340、DTC P0342 或 DTC P0343）。

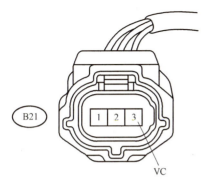

图 5-32 检查凸轮轴位置传感器电源电压

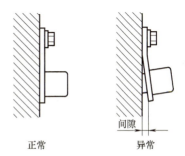

图 5-33 检查凸轮轴位置传感器安装情况

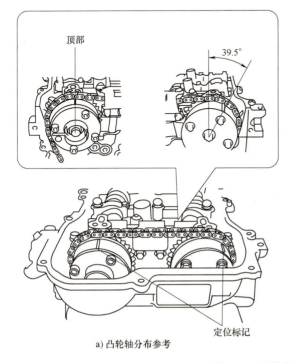

a) 凸轮轴分布参考

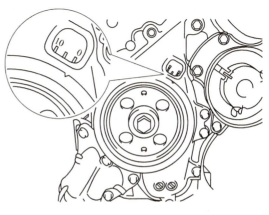

b) TDC压缩时的1缸

图 5-34 调节气门正时示意图

第三节　位移传感器的原理和诊断

一、滑动电阻式位移传感器

1. 滑动电阻式位移传感器的结构

滑动电阻式位移传感器的内部由碳膜电阻和滑片组成，外部引有导线。控制模块为了监测传感器是否存在故障，需要两个信号互相比较，因此这类位移传感器一般由两个传感器组成，如图 5-35 所示。

2. 滑动电阻式位移传感器的原理和应用

当驾驶人踩下加速踏板时，其滑片移动，这样就会使加速踏板位移传感器上的部分电阻与位于信号电路上的电阻形成一个串联电路。传感器内部的电阻会随着加速踏板的开度变化而变化，而位于 ECM 内部的传感器信号电路的电阻是一个定值限流电阻，由于加载这两个串联电阻的总电压保持 5V 不变，这样随着加速踏板开度的变化，信号电压就会变化。

ECM 将信号电压的变化量换算成加速踏板的变化量，从而对加速踏板的开度进行识别判断。图 5-36 所示为上汽通用五菱宝骏 730 滑动电阻式加速踏板位置传感器电路图。

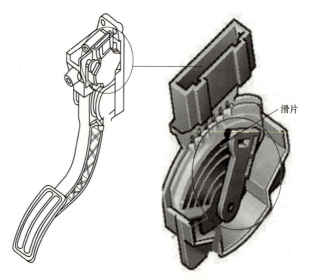

图 5-35　滑动电阻式加速踏板位置传感器外形结构

加速踏板位置传感器的作用是向控制模块反馈加速踏板开度的大小。该传感器内部由两组滑动电阻式传感器组成。每个滑动电阻传感器有三根线，分别为 5V 电源线、搭铁线和信号线。

为了能更精准地监测加速踏板位置传感器是否出现信号偏差，加速踏板位置传感器的两个信号之间的关系为：无论加速踏板的开度如何，其信号 1 的电压都是信号 2 电压的 2 倍，如图 5-37 所示。

有些车型的节气门位置传感器也采用滑动电阻式传感器，其作用是向 ECM 反馈节气门的开度大小,如图 5-38 所示。

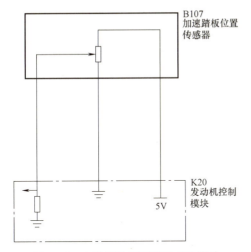

图 5-36 上汽通用五菱宝骏 730 滑动
电阻式加速踏板位置传感器电路图

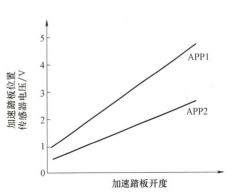

图 5-37 加速踏板位置传感器信号特征

该传感器内部也由两组滑动电阻式位置传感器组成。两个传感器在内部共用 5V 电源,共用搭铁。两个信号是独立的,如图 5-39 所示。

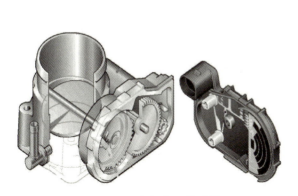

图 5-38 节气门位置传感器

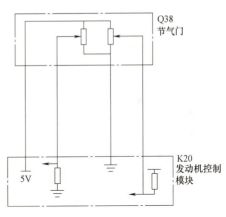

图 5-39 节气门位置传感器电路图

为了能更精准地监测节气门位置传感器是否出现信号偏差,节气门位置传感器的两个信号之间的关系为:无论节气门的开度如何,其信号 1 的电压与信号 2 的电压之和都为 5V,如图 5-40 所示。

图 5-41 所示为五菱 CN113R 使用的燃油油位传感器。其作用是向 ECM 反馈燃油油面的高度。该传感器只用两根线。在燃油油位变化时,浮子上下移动带动滑动电阻的滑片移动,这样其电阻就会发生变化。

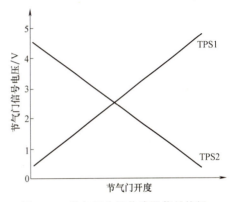

图 5-40 节气门位置传感器信号特征

ECM 内部有限流电阻,其阻值固定不变。5V 电源通过限流电阻和燃油油位传感器电阻后直接回 ECM 内部搭铁。这样,燃油油位传感器电阻与 ECM 内的限流电阻形成一个串联电路,如图 5-42 所示。当燃油油面发生变化时,燃油油位传感器阻值就会变化。根据串联分压的原理,ECM 内部监测到的信号电压会随燃油油面的变化而变化。ECM 根据监测到的信号电压来计算当前燃油箱内燃油油面的高度。

图 5-41 燃油油位传感器

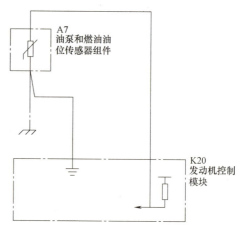

图 5-42 燃油油位传感器电路图

二、霍尔式位移传感器

1. 霍尔式位移传感器的结构

图 5-43 所示为上汽通用五菱 L2B 发动机的电子节气门体,其内部有 2 个霍尔元件集成在传感器壳体上。节气门轴上安装有两个半圆磁铁。该磁铁与节气门轴同步转动,如图 5-44 所示。

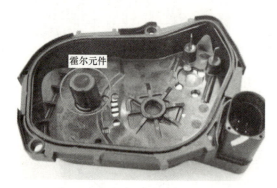

图 5-43 电子节气门体结构(一)

图 5-44 电子节气门体结构(二)

2. 霍尔式位移传感器的原理和应用

当节气门开度发生变化时,节气门轴带动两块半弧形磁铁旋转,从而改变霍尔式传感器上的磁通量,如图 5-45 所示。根据霍尔元件上电流一定,霍尔电压与磁通量成正比的原理,传感器能产生与节气门位置变化相对应的电压信号。电子控制单元根据节气门位置传感器信号电压的大小来确定节气门的开度。

有些车型的加速踏板位置传感器为霍尔式位移传感器。传感器的两个信号电压的变化特点与滑动电阻式传感器相同，无论加速踏板开度如何，传感器信号1的电压都是信号2电压的两倍。

3. 霍尔式位移传感器的诊断

（1）检测仪数据

以L2B发动机节气门位置传感器为例，在打开点火开关但不起动发动机时，传感器信号1的电压为0.85V，信号2的电压为4.14V，如图5-46所示。随着节气门开度的变化，信号1的电压呈线性上升趋势，信号2的电压呈线性下降趋势，但无论节气门开度如何，信号1的电压与信号2的电压之和都接近5V，如图5-47所示。

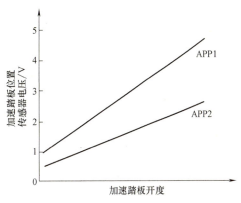

图5-45　电子节气门体工作原理
（APP1的电压信号是APP2电压信号的2倍）

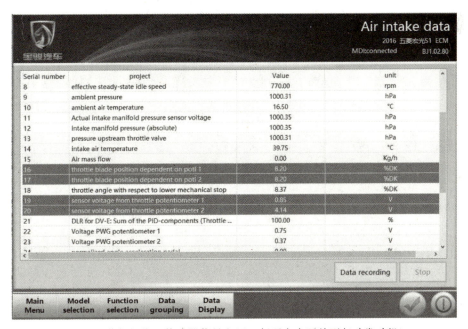

图5-46　节气门位置传感器信号电压（打开点火开关不起动发动机）

以L2B发动机加速踏板位置传感器为例，在加速踏板没有踩下时，传感器信号1的电压为0.75V，传感器信号2的电压为0.37V，如图5-48所示。随着加速踏板的踩下，两个信号电压都会呈线性上升趋势。但信号1的电压始终接近于信号2电压的两倍，如图5-49所示。

（2）万用表测量

霍尔式位移传感器与滑动电阻式位移传感器的测量方法基本一致。在打开点火开关且不拔下传感器线束插接器的状态下，测量信号线路对搭铁的电压。

以L2B发动机节气门位置传感器为例，在打开点火开关不起动发动机时，传感器信号1

的电压为 0.85V，信号 2 的电压为 4.14V。随着节气门开度的变化，信号 1 的电压呈线性上升趋势，信号 2 的电压呈线性下降趋势，但无论节气门开度如何，信号 1 的电压与信号 2 的电压之和都接近 5V。

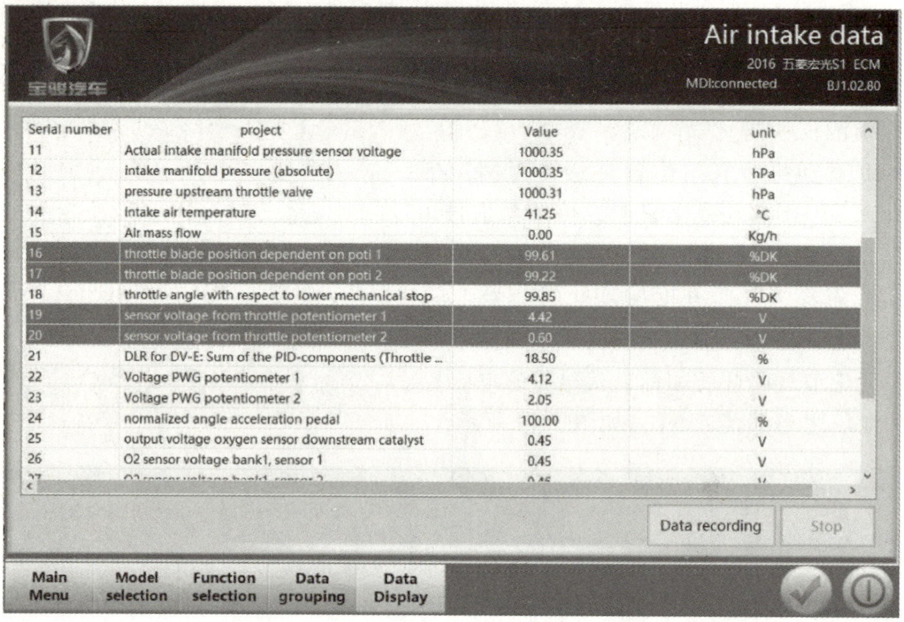

图 5-47　节气门位置传感器信号电压（加速踏板踩到底）

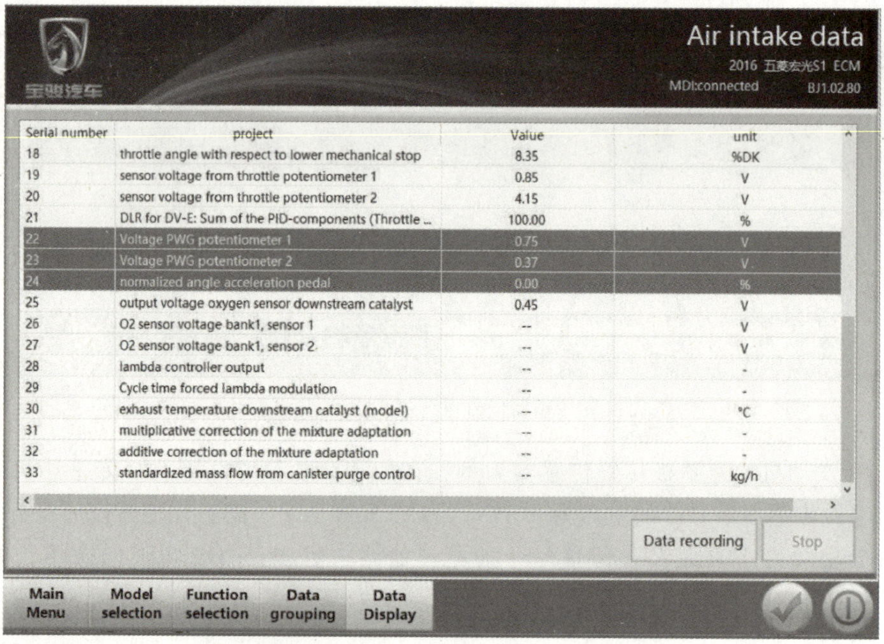

图 5-48　加速踏板位置传感器信号电压（未踩加速踏板）

以 L2B 发动机加速踏板位置传感器为例，在加速踏板没有踩下时，传感器信号 1 的电压为 0.75V，传感器信号 2 的电压为 0.37V。随着加速踏板的踩下，两个信号电压都会呈线

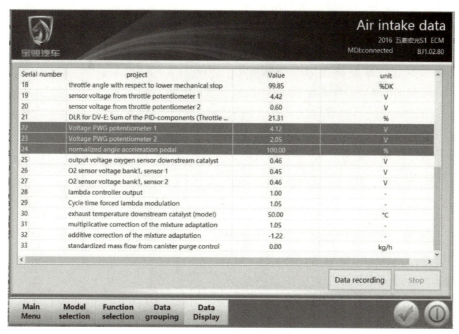

图 5-49 加速踏板位置传感器信号电压（加速踏板踩到底）

性上升趋势。但信号 1 的电压始终接近于信号 2 电压的两倍。

如果发现信号电压异常，需要进行以下检查：

1）检查传感器的电源是否存在开路、对搭铁短路情况。

2）检查传感器的搭铁是否存在开路情况。

3）检查信号线路是否存在开路、对搭铁短路或对电源短路情况。

4）如果以上检查都正常，则更换节气门位置传感器。

三、典型电子节气门及其位置传感器

1. 奇瑞 A3 电子节气门及其位置传感器

（1）作用

本系统用于驱动节气门转动及监测节气门的开度、执行电动机的转动位置，两个节气门位置传感器用于监测节气门位置及执行电动机的位置，该传感器输出两个节气门位置信号，两个传感器的信号相反，绝对值相同即可，否则 ECU 会认为该系统有故障，使发动机进入故障模式运行。

（2）组成结构和工作原理

1）组成结构。电子节气门由节气门体、驱动电动机和节气门位置传感器等构成。

2）工作原理。电子节气门通过加速踏板的信号来调整发动机的负载，它通过一个直流电动机来控制节气门开度，使发动机从怠速位置转变到全负荷状态。节气门开度的反馈信号与直流电动机的位置由两个集成在节气门体内的电位计提供。节气门的开与关都由这两个电位计控制，它们的供电电源与搭铁都是共用的。两个电位计的滑动片都直接与节气门轴杆连接在一起。奇瑞 A3 电子节气门工作原理如图 5-50 所示，奇瑞 A3 节气门位置传感器电路如图 5-51 所示。

节气门位置传感器由碳膜电阻和滑动指针构成,是一个具有线性输出的角度传感器,由两个圆弧形的滑触电阻和两个滑触臂组成。滑触臂的转轴与节气门轴连接在同一个轴线上。滑触电阻的两端加上5V的电源电压U_s。

当节气门转动时,滑触臂随之转动,同时在滑触电阻上移动,并将触点的电压U_p作为输出电压引出。因此它实际上是一个转角电位计,电位计输出与节气门位置成比例的电压信号。

(3) 故障诊断

ECU监测两个节气门位置传感器的转角是否超过其信号输出的上限值或者下限值。当输出信号超过其上限值或下限值时,又或两个节气门位置传感器的输出信号不相同时,ECU判定为节气门位置传感器故障,发动机进入故障模式运行,发动机故障灯点亮。

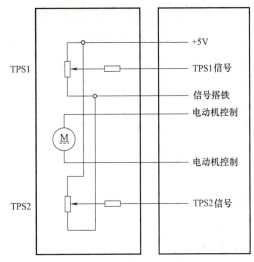

图 5-50 奇瑞 A3 电子节气门工作原理示意图

诊断仪测量数据:

① 点火开关打开,不起动发动机,不踩加速踏板时,传感器 P1、P2 输出电压信号:

TPS1 为 0.74V;TPS2 为 4.24V。

② 点火开关打开,不起动发动机,将加速踏板踩到底时,传感器 P1、P2 输出电压信号:

TPS1 为 4.62 V;TPS2 为 0.72V。

以上数值均为发动机正常状态下,用诊断仪读出的数据,供参考。

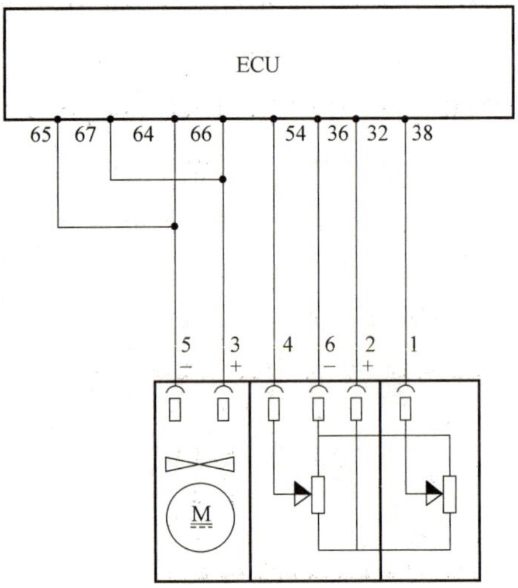

2. 丰田卡罗拉电子节气门及其位置传感器

(1) 作用

节气门位置传感器安装在节气门体总成上,用于监测节气门开度。该传感器为非接触型,使用霍尔元件,在极端条件下也能生成精确信号。

(2) 工作原理

节气门位置传感器有两个传感器电路 VTA1 和 VTA2,各传送一个信号。VTA1 用于监测节气门开度,VTA2 用于监测 VTA1 的故障。传感器信号电压与节气门开度成比例,在 0~5V 之间变化,并传送到 ECM 的端子 VTA。图 5-52 所示为丰田卡罗拉电子节气门工作原理,图 5-53 所示为丰田卡罗拉电子节气门电路图。

图 5-51 奇瑞 A3 节气门位置传感器电路
1—节气门位置传感器 1(对应 ECU38#)
2—节气门位置传感器电源(对应 ECU32#)
3—节气门控制执行电动机(对应 ECU66/67#)
4—节气门位置传感器 2(对应 ECU54#)
5—节气门控制执行电动机(对应 ECU64/65#)
6—节气门位置传感器搭铁(对应 ECU36#)

节气门关闭时,传感器输出电压降低,节气门开启时,传感器输出电压升高。ECM根据这些信号来计算节气门开度,并控制节气门执行器以响应驾驶人输入。这些信号同时用来计算空燃比修正值、功率提高修正值和燃油切断控制。

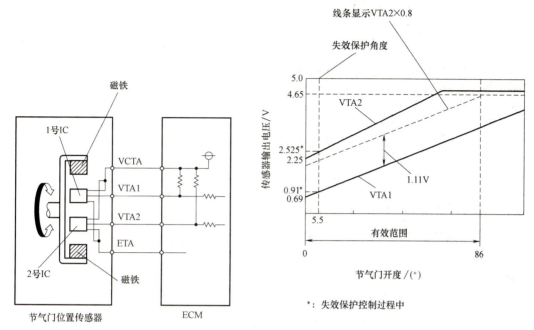

图 5-52　丰田卡罗拉电子节气门工作原理

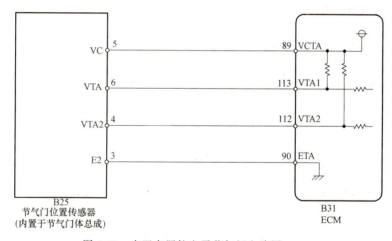

图 5-53　丰田卡罗拉电子节气门电路图

(3) 故障诊断

当设定与节气门电控系统故障有关的其他故障码时，ECM 进入失效保护模式。在失效保护模式下，ECM 切断流向节气门执行器的电流，节气门被回位弹簧拉回到 5.5°开度。ECM 根据加速踏板位置，通过控制燃油喷射（间歇性燃油切断）和点火正时来调节发动机输出功率，确保车辆维持最低车速。如果平稳而缓慢地踩下加速踏板，则车辆会缓慢行驶。

1) 使用智能检测仪读取值（节气门位置）。

① 将智能检测仪连接到 DLC3。

② 将点火开关置于 ON 位。

③ 打开检测仪。

125

④ 进入以下菜单：Powertrain/Engine and ECT/DataList/All Data/Throttle Position No. 1 and Throttle Position No. 2。

⑤ 读取显示在检测仪上的值。

⑥ 查看结果是否符合技术要求，见表5-1。

表5-1　使用智能检测仪读取值（节气门位置）

松开加速踏板时		踩下加速踏板时		故障部位
1号节气门位置	2号节气门位置	1号节气门位置	2号节气门位置	
0~0.2V	0~0.2V	0~0.2V	0~0.2V	VCTA 电路断路
4.5~5.0V	4.5~5.0V	4.5~5.0V	4.5~5.0V	ETA 电路断路
0~0.2V 或 4.5~5.0V	2.1~3.1V（失效保护）	0~0.2V 或 4.5~5.0V	2.1~3.1V（失效保护）	VTA1 电路断路或搭铁短路
0.6~1.4V（失效保护）	0~0.2V 或 4.5~5.0V	0.6~1.4V（失效保护）	0~0.2V 或 4.5~5.0V	VTA2 电路断路或搭铁短路
0.5~1.1V	2.1~3.1V	3.2~4.8V（非失效保护）	4.6~5.0V（非失效保护）	节气门位置传感器电路正常

2）检查线束和连接器（节气门位置传感器-ECM）。

① 断开节气门体总成插接器。

② 断开 ECM 插接器。

③ 测量电阻应符合表5-2和表5-3给出的技术要求，若不正常则维修或更换线束，或插接器（节气门位置传感器-ECM）。

④ 重新连接节气门体总成插接器。

⑤ 重新连接 ECM 插接器。

表5-2　标准电阻（断路检查）

检测仪连接	条件	规定状态
B25-5(VC) - B31-89(VCTA)	始终	小于1Ω
B25-6(VTA) - B31-113(VTA1)	始终	小于1Ω
B25-4(VTA2) - B31-112(VTA2)	始终	小于1Ω
B25-3(E2) - B31-90(ETA)	始终	小于1Ω

表5-3　标准电阻（短路检查）

检测仪连接	条件	规定状态
B25-5(VC) 或 B31-89(VCTA) - 车身搭铁	始终	10kΩ 或更大
B25-6(VTA) 或 B31-113(VTA1) - 车身搭铁	始终	10kΩ 或更大
B25-4(VTA2) 或 B31-112(VTA2) - 车身搭铁	始终	10kΩ 或更大

3）检查 ECM（VC 电压）。

① 断开节气门体总成插接器。

② 将点火开关置于 ON 位。

③ 测量电压值应符合表5-3给出的技术要求，若不正常则更换 ECM，如图5-54所示。

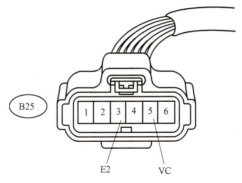

图 5-54 检查 ECM（VC 电压）

第四节 氧传感器的原理和诊断

一、空燃比和理论空燃比

空燃比指实际进气质量与实际喷油质量之比。

理想混合气也称平衡混合气，具有最理想的空燃比，该空燃比称为理论空燃比。理想混合气大约含 14.7g 空气和 1g 燃油（14.7∶1），如图 5-55 所示。这种配比可以获得最完全的燃烧效果。

电控发动机利用前氧传感器对混合气的浓度进行监测，并会根据传感器信号对喷油量进行调整，使实际空燃比接近理论空燃比。

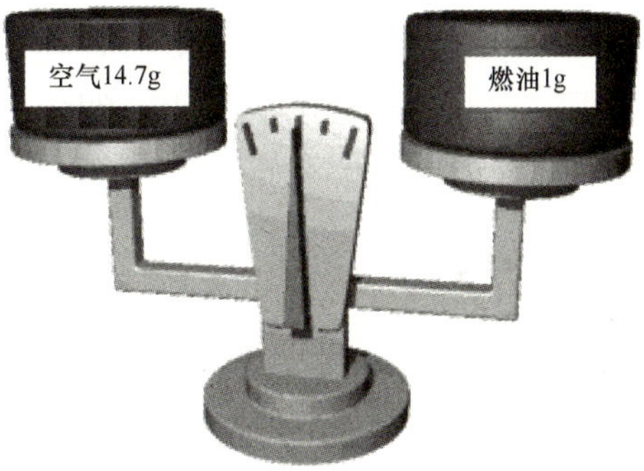

二、氧传感器的作用

在三元催化转化器前方安装有前氧传感器，它能监测发动机排气中的氧气含量，通过氧气含量来判断混合气的浓度。如果排气中氧含量少，则表明混合气过浓；如果排气中氧含量多，则表明混合气过稀。

为监测三元催化转化器的性能，在其后还安装有后氧传感器。发动机控制模块（ECM）通过对比前、后氧传感器信号来监测三元催化转化器的转化效率，后氧传感器的结构原理和前氧传感器相同，图 5-56 所示为氧传感器安装位置。

三、氧传感器的结构

氧传感器的传感元件是一种带孔隙的二氧化

图 5-55 理论空燃比示意

图 5-56 氧传感器安装位置

锆陶瓷管，管壁外侧被发动机排气管中的废气包围，内侧通大气。陶瓷管的内外壁涂一薄层铂电极，内外的铂电极引出两根线，图5-57所示为氧传感器结构。

氧传感器只有在温度达到300℃左右时才会起效。因此，为了让氧传感器快速发挥作用，其内部还装有加热器。图5-58所示为带加热元件的管式氧传感器构造，其主要特点是传感陶瓷管内部用一根陶瓷加热元件加热，通电后30s可达工作温度。因此传感陶瓷管即使在负荷低、废气温度较低时也有超过350℃的工作温度，可以正常发挥作用。负荷高时，由废气温度决定陶瓷管温度。陶瓷加热元件是正温度系数（PTC）热敏电阻，温度较低时阻值很小，功率很大，加热很快。加热后阻值升高，功率不大。

带加热元件的管式氧传感器护管上的废气流通孔较细小，减少了传感陶瓷管在废气温度较低时所受到的冷却作用。

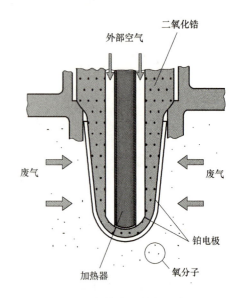

图5-57 氧传感器结构示意图

带加热元件的管式氧传感器对过量空气系数λ变动的响应时间较短，有利于提高闭环控制速度。它可以安装在离发动机相对较远的位置，因此长期全负荷运行时不会因过热而出现故障。带加热元件的管式氧传感器始终具有最佳的工作温度，可实现较低的、稳定的废气排放。

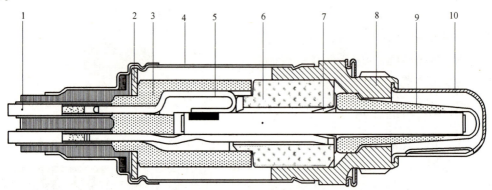

图5-58 带加热元件的管式氧传感器构造
1—连接电缆 2—碟形弹簧 3—陶瓷支承管 4—金属护套 5—加热元件的夹紧接头
6—陶瓷加热元件 7—接触元件 8—传感器壳体 9—传感陶瓷管 10—护管

四、氧传感器的工作原理

氧传感器通过将传感陶瓷管内外的氧离子浓度差转化为电压信号来实现对混合气浓度的监测。当传感陶瓷管的温度达到350℃时，即具有固态电解质特性。由于其材质的特殊性，氧离子可以自由通过陶瓷管。利用这一特性，将浓度差转化为电势差，从而形成电压信号并输出。

若混合气偏浓，则陶瓷管内外氧离子浓度差较大，电势差偏高，大量氧离子从内侧移到外侧，输出电压较高，接近1V；若混合气偏稀，则陶瓷管内外氧离子浓度差较小，电势差较低，仅有少量氧离子从内侧移动到外侧，输出电压较低，接近0V。图5-59所示为氧传感器电压特性。信号电压在理论空燃比附近发生突变。

因此，当ECM接收到的前氧传感器信号电压高于0.45V时，会判断当前的混合气过浓，进而对下次喷油量进行调整（减少喷油量），使空燃比接近理论空燃比。当ECM接收到的前氧传感器信号电压低于0.45V时，会判断当前的混合气过稀，进而对下次喷油量进行调整（增加喷油量），使空燃比接近理论空燃比。

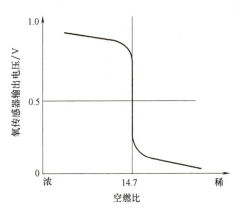

图5-59 氧传感器电压特性

由于发动机工作时会不断对混合气浓度进行调整，前氧传感器的电压信号会在0.1~0.9V之间变化，如图5-60所示。

三元催化转化器正常工作时，后氧传感器电压信号相对稳定，不经常变化。因为如果三元催化转化器工作正常，则大多数氧气都会被消耗或存储在三元催化转化器里。为补偿传感器信号电压，ECM在传感器信号电路上加载了0.45V的偏置电压。图5-61所示为上汽通用五菱宝骏730的氧传感器控制电路。

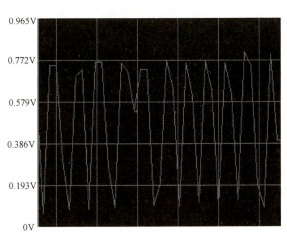

图5-60 诊断仪前氧传感器信号特征

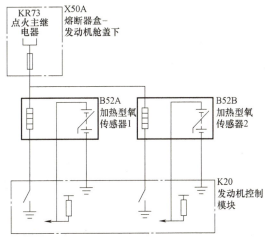

图5-61 上汽通用五菱宝骏730氧传感器控制电路

五、前氧传感器的诊断

1. 检测仪数据

在打开点火开关，不起动发动机时，前、后氧传感器的电压都应为0.45V左右，如图5-62所示。

起动发动机，在达到正常工作温度后，氧传感器开始工作。正常情况下，前氧传感器信号电压应在0.1~0.8V之间快速变化，要求每10s电压变化次数大于8，如图5-63所示。

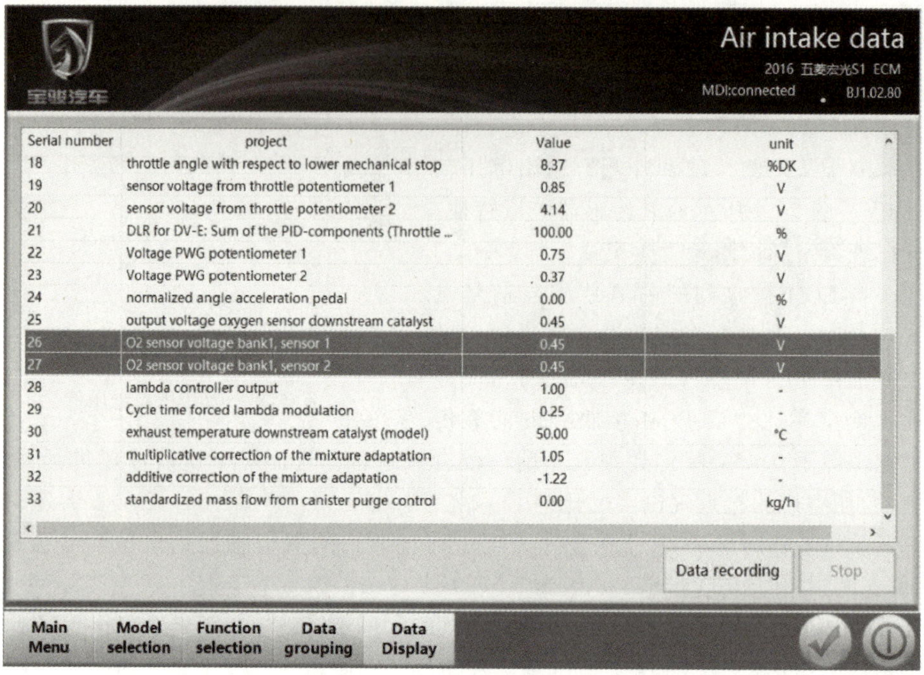

Serial number	project	Value	unit
18	throttle angle with respect to lower mechanical stop	8.37	%DK
19	sensor voltage from throttle potentiometer 1	0.85	V
20	sensor voltage from throttle potentiometer 2	4.14	V
21	DLR for DV-E: Sum of the PID-components (Throttle ...	100.00	%
22	Voltage PWG potentiometer 1	0.75	V
23	Voltage PWG potentiometer 2	0.37	V
24	normalized angle acceleration pedal	0.00	%
25	output voltage oxygen sensor downstream catalyst	0.45	V
26	O2 sensor voltage bank1, sensor 1	0.45	V
27	O2 sensor voltage bank1, sensor 2	0.45	V
28	lambda controller output	1.00	-
29	Cycle time forced lambda modulation	0.25	-
30	exhaust temperature downstream catalyst (model)	50.00	℃
31	multiplicative correction of the mixture adaptation	1.05	-
32	additive correction of the mixture adaptation	-1.22	-
33	standardized mass flow from canister purge control	0.00	kg/h

图 5-62　氧传感器数据（打开点火开关，不起动发动机）

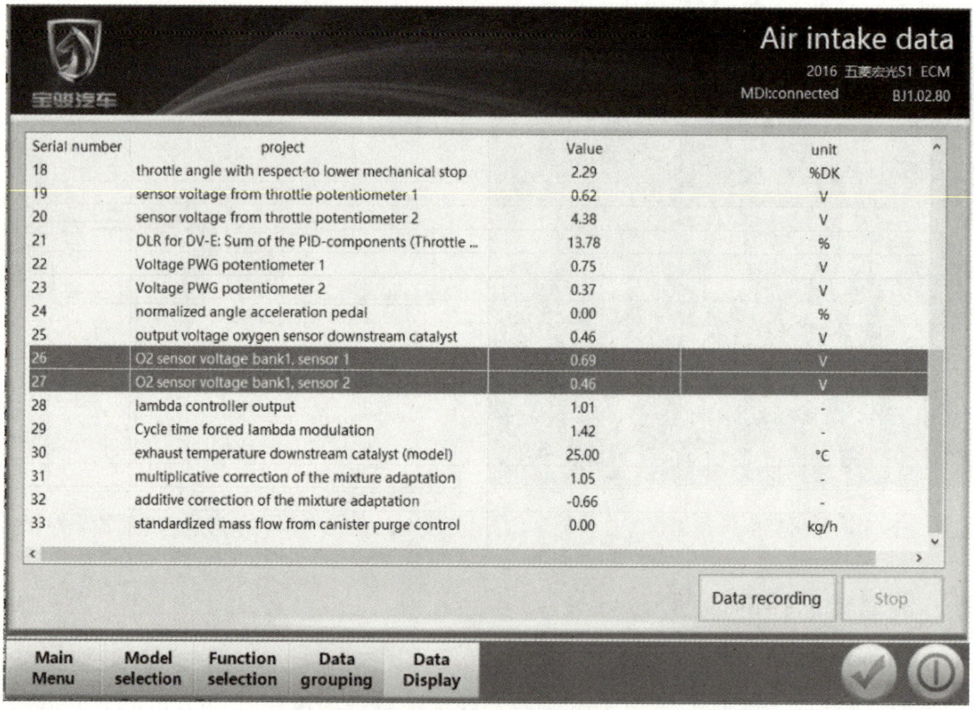

Serial number	project	Value	unit
18	throttle angle with respect to lower mechanical stop	2.29	%DK
19	sensor voltage from throttle potentiometer 1	0.62	V
20	sensor voltage from throttle potentiometer 2	4.38	V
21	DLR for DV-E: Sum of the PID-components (Throttle ...	13.78	%
22	Voltage PWG potentiometer 1	0.75	V
23	Voltage PWG potentiometer 2	0.37	V
24	normalized angle acceleration pedal	0.00	%
25	output voltage oxygen sensor downstream catalyst	0.46	V
26	O2 sensor voltage bank1, sensor 1	0.69	V
27	O2 sensor voltage bank1, sensor 2	0.46	V
28	lambda controller output	1.01	-
29	Cycle time forced lambda modulation	1.42	-
30	exhaust temperature downstream catalyst (model)	25.00	℃
31	multiplicative correction of the mixture adaptation	1.05	-
32	additive correction of the mixture adaptation	-0.66	-
33	standardized mass flow from canister purge control	0.00	kg/h

图 5-63　氧传感器数据（起动后怠速）

正常情况下，后氧传感器信号电压相对较稳定，信号电压变化幅度很小，不会随着前氧传感器信号的变化而快速变化。

2. 万用表测量

1）打开点火开关，在不拔下传感器线束插接器的状态下，测量信号线路对搭铁的电压。

2）在打开点火开关不起动发动机时，前、后氧传感器的电压都应为 0.45V。

3）起动发动机后，达到工作温度后氧传感器开始工作。正常情况下，前氧传感器信号电压应在 0.1~0.8V 之间快速变化，要求每 10s 电压变化次数大于 8。后氧传感器信号电压相对较稳定，信号电压变化幅度很小，不会随着前氧传感器信号的变化而快速变化。

4）如果前氧传感器信号电压始终偏低或偏高，则首先注意区分是由于混合气浓度不合适导致的，还是传感器电路导致的。即通常所称的混合气浓度真假区分。此时可以人为改变混合气的浓度，观察信号电压能否正常变化，以判断混合气浓度的真假性。如果当前信号电压偏低，则可能是混合气"稀"导致的，因此采用加浓混合气的方法，如向进气歧管喷入化清剂，此时如果信号电压立即上升，则说明是混合气真稀。如果信号电压还是维持在低位不变化，则说明混合气假稀，是前氧传感器电路故障导致的。如果当前信号电压偏高，则可能是混合气"浓"导致的，因此采用使混合气变稀的方法，如拔下某一缸的喷油器。此时如果信号电压立即下降，则说明是混合气真浓。如果信号电压还是维持在高位不变化，则说明混合气假浓，是前氧传感器电路故障导致的。

5）如果发现混合气假稀或假浓，则进行以下检查：

① 检查传感器的搭铁是否存在开路。
② 检查信号线路是否开路、对搭铁短路或对电源短路。
③ 检查氧传感器加热器的电源是否存在开路故障。
④ 检查氧传感器加热器的搭铁电路是否存在开路故障。
⑤ 如果以上检查都正常，则更换氧传感器。

六、后氧传感器的诊断

1. 检测仪数据

正常情况下，后氧传感器信号电压应维持在低位不变，猛踩加速踏板再急收加速踏板时，信号电压会升高，并且维持几秒，之后又下降到低位且不变。

2. 万用表测量

1）在不拔下传感器线束插接器的状态下，测量信号线路对搭铁的电压。

2）在打开点火开关不起动发动机时，前、后氧传感器的电压都应为 0.45V。

3）起动发动机，达到工作温度后氧传感器开始工作。正常情况下，此信号电压应维持低位不动，猛踩加速踏板再急收加速踏板时，信号电压会升高，并维持几秒，之后又下降到低位且不变。

4）如果发现异常，则进行以下检查：

① 检查传感器的搭铁是否存在开路。
② 检查信号线路是否开路、对搭铁短路或对电源短路。
③ 检查氧传感器加热器的电源是否存在开路故障。
④ 检查氧传感器加热器的搭铁电路是否存在开路故障。
⑤ 如果以上检查都正常，则更换氧传感器。

5) 如果以上检查都正常,则可能是三元催化转化器损坏,需更换三元催化转化器总成。

七、典型氧传感器

1. 奇瑞 A3 氧传感器

图 5-64 和图 5-65 所示分别为奇瑞 A3 前、后氧传感器电路。氧传感器信号屏蔽采用双绞线结构,防止信号衰减或受干扰。

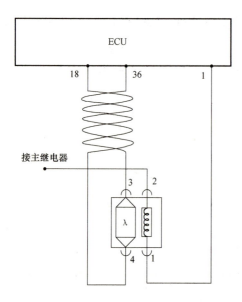 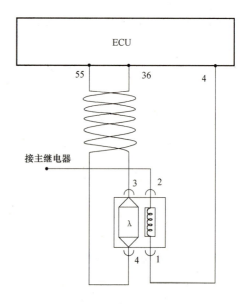

图 5-64　前氧传感器电路
1—前氧传感器加热控制（对应 ECU1#）
2—加热控制,接主继电器
3—前氧传感器信号-（对应 ECU36#）
4—前氧传感器信号+（对应 ECU18#）

图 5-65　后氧传感器电路
1—后氧传感器加热控制（对应 ECU4#）
2—加热控制,接主继电器
3—后氧传感器信号-（对应 ECU36#）
4—后氧传感器信号+（对应 ECU55#）

1) 简易故障检测。卸下插头,把数字万用表调到欧姆档,两表笔分别接传感器 1#（白色）、2#（白色）端子,即加热电阻,常温下其阻值应为 $2.5 \sim 4.9 \Omega$。

接上插头,发动机怠速状态下,待氧传感器达到工作温度时,把数字万用表调到直流电压档,两表笔分别接传感器 3#（灰色）、4#（黑色）端子,此时电压应在 $0.1 \sim 0.9V$ 之间快速波动。

2) 故障灯状态。传感器对电压短路、对搭铁断路,信号超出公差范围,故障灯都会点亮。

2. 丰田卡罗拉氧传感器

图 5-66 所示为丰田卡罗拉氧传感器电路。

1) 检查程序。通过智能检测仪执行主动测试中的控制 A/F 传感器喷油量功能可识别故障部位。控制 A/F 传感器喷油量功能有助于确定氧传感器及相关部位是否有故障。

以下为使用智能检测仪执行控制 A/F 传感器喷油量操作:

① 将智能检测仪连接到 DLC3。

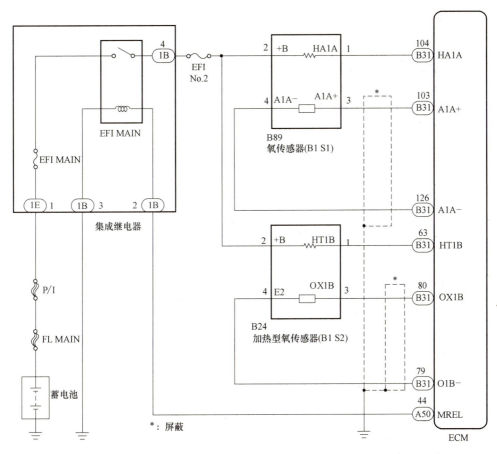

图 5-66 丰田卡罗拉氧传感器电路

② 起动发动机,打开检测仪。

③ 使发动机以 2500r/min 的转速运转约 90s。

④ 在检测仪上进入以下菜单:Powertrain/Engine and ECT/Active Test/Control the Injection Volume for A/F Sensor。

⑤ 在发动机怠速状态下,执行 Active Test 操作(按下 RIGHT 或 LEFT 按钮以改变燃油喷射量)。

⑥ 监视检测仪上显示的氧传感器(AFS Voltage B1S1 和 O2S B1S2)的输出电压,应符合技术要求,见表 5-4。

表 5-4 氧传感器输出电压

检测仪显示(传感器)	喷油量	状态	电压
AFS Voltage B1S1	+25%	浓	低于 3.1V
AFS Voltage B1S1	-12.5%	稀	高于 3.4V
O2S B1S2	+25%	浓	高于 3.4V
O2S B1S2	-12.5%	稀	低于 0.4V

2) 使用智能检测仪读取测量值(加热型氧传感器的输出电压)。

① 将智能检测仪连接到 DLC3。
② 将点火开关置于 ON 位。
③ 打开检测仪。
④ 进入以下菜单：Powertrain/Engine and ECT/Data List/All Data/O2S B1S2。
⑤ 使发动机怠速运转，读取加热型氧传感器的输出电压，应符合技术要求。

3）检查加热型氧传感器（短路检查）。
① 断开加热型氧传感器插接器。
② 测量电阻值，标准电阻值见表 5-5，应符合技术要求，若不符合技术要求则进行下一步检查。
③ 重新连接加热型氧传感器插接器。

表 5-5 氧传感器标准电阻值

检测仪连接	条件	规定状态
2(+B)-3(OX1B)	始终	10kΩ 或更大
2(+B)-4(E2)	始终	10kΩ 或更大

4）检查线束和插接器。
① 将点火开关置于 OFF 位并等待 5min。
② 断开 ECM 插接器。
③ 测量电阻值，标准电阻值见表 5-6，应符合技术要求，若不符合技术要求则进行下一步检查。
④ 重新连接 ECM 插接器。

表 5-6 线束和插接器标准电阻值

检测仪连接	条件	规定状态
B31-63(HT1B)-B31-80(OX1B)	始终	10kΩ 或更大

第五节 热敏电阻式温度传感器的原理和诊断

冷却液温度传感器和进气温度传感器都属于热敏电阻式温度传感器。冷却液温度传感器一般安装在发动机出水口上，用于检测发动机的冷却液温度。进气温度传感器一般单独安装在发动机进气歧管上或与进气压力传感器集成一体，用于检测发动机的进气温度。发动机电控系统根据冷却液温度传感器和进气温度传感器的信号对喷油量和点火时间进行修正。

一、热敏电阻式温度传感器的结构

图 5-67 所示为冷却液温度传感器内部结构，其中安装有一个热敏电阻。

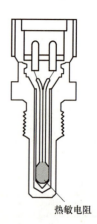

图 5-67 冷却液温度传感器内部结构

二、热敏电阻式温度传感器的原理

在汽车上,温度传感器大多采用负温度系数(NTC)热敏电阻。负温度系数热敏电阻具有以下特性:温度上升时,阻值下降;温度下降时,阻值上升,如图 5-68 所示。

冷却液温度传感器一般都有两根导线,一根既是电源线也是信号线,另一根是搭铁线。发动机控制模块(ECM)内部通过定值电阻 R 输出 5V 稳压电源给冷却液温度传感器,电阻 R 和冷却液温度传感器的可变电阻形成一个串联电路,ECM 通过检测冷却液温度传感器可变电阻的分压来判断当前的冷却液温度。当冷却液温度低时,冷却液温度传感器的阻值高,其分压就高;当冷却液温度高时,冷却液温度传感器的阻值低,其分压就低。因此 ECM 通过检测冷却液温度传感器可变电阻的分压值就能计算出当前冷却液温度值。

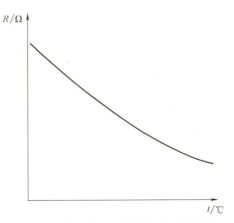

图 5-68 负温度系数热敏电阻特性曲线

冷却液温度升高时,信号电压降低;冷却液温度降低时,信号电压升高。图 5-69 所示为上汽通用五菱宝骏 730 发动机冷却液温度传感器控制电路。

三、其他应用

图 5-70 所示为 L2B 发动机进气温度传感器。

进气温度传感器一般单独安装在发动机进气歧管上或与进气压力传感器集成一体,用于检测发动机的进气温度。

进气温度传感器的工作原理和冷却液温度传感器相同。

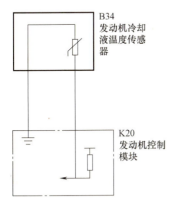

图 5-69 上汽通用五菱宝骏 730 发动机冷却液温度传感器控制电路

图 5-70 L2B 发动机进气温度传感器

四、热敏电阻式温度传感器的诊断

1. 检测仪数据

可以通过对比检测仪显示的冷却液温度数据和实际的冷却液温度,判断冷却液温度传感器是否正常，图 5-71 所示为冷却液温度传感器数据。

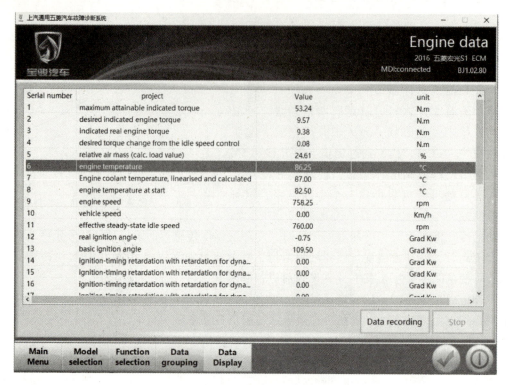

图 5-71　冷却液温度传感器数据

2. 万用表测量

1) 在打开点火开关，不拔下传感器线束插接器的状态下，测量信号线路对搭铁的电压。

2) 以 L2B 发动机为例，其冷却液温度为 50.25℃ 时，信号电压为 2.51V。随着冷却液温度的升高，信号电压呈线性下降趋势。

3) 如果发现信号电压异常，则需要进行以下检查：
① 检查传感器的搭铁是否存在开路。
② 检查信号线路是否开路、对搭铁短路或对电源短路。
③ 如果以上检查都正常，则更换冷却液温度传感器。

五、典型冷却液温度传感器

奇瑞 A3 冷却液温度传感器介绍如下。

当冷却液温度大于其可信的上限值，或冷却液温度低于其可信的下限值时，发动机故障灯点亮，发动机进入故障模式运行，ECU 按照发动机冷却液温度故障模式时设定的冷却液温度进行点火、喷油控制，同时散热风扇开始高速运转。

1) 冷却液温度传感器电路如图 5-72 所示。

2) 故障灯状态。当 ECU 检测到冷却液温度信号高于或低于极限值时，故障灯点亮；当冷却液温度信号不稳定时，发动机记录故障码，但发动机故障灯不点亮。

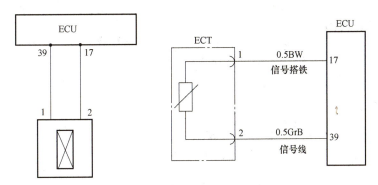

图 5-72 冷却液温度传感器电路图

3）测量：

① 断开插头，测量插头侧的各端子，其输出信号如下：端子 1 为 12V；端子 2 为 0V。

② 诊断仪测量数据：冷却液温度为 78℃时，传感器电压为 1.25V；冷却液温度为 90℃时，传感器电压为 0.94V；冷却液温度为 59℃时，传感器电压为 1.89V。

第六节　爆燃传感器的原理和诊断

一、爆燃传感器的作用

爆燃具有可再发生性，即爆燃有时自动诱发爆燃。短时间内的轻微爆燃不会使发动机损坏。但持续的爆燃会导致功率下降、燃油经济性变差，使火花塞、活塞熔化，燃烧室损坏。必须采用有效的控制方法来预防、监测爆燃现象。

二、爆燃传感器的安装位置

通常在发动机缸体上安装有爆燃传感器，以监测发动机是否发生爆燃。爆燃传感器安装在缸体的侧壁上，如图 5-73 所示。若采用一个爆燃传感器，则安装在第 2 缸和第 3 缸之间。

 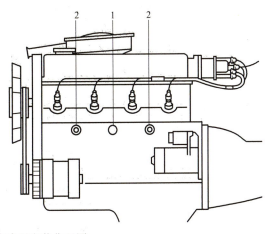

图 5-73　爆燃传感器安装位置图

1—采用一个爆燃传感器时的安装位置　2—采用两个爆燃传感器时的安装位置

若采用两个爆燃传感器,则分别安装在第 1 缸与第 2 缸之间和第 3 缸与第 4 缸之间,并按照点火顺序接通。爆燃传感器应安装在缸体上对爆燃敏感的部位。

爆燃传感器的中心有圆孔,一个螺栓穿过该圆孔将爆燃传感器压紧在缸体上,如图 5-74 所示。

三、爆燃传感器的结构

爆燃传感器套筒底座与发动机缸体接触。压电晶体位于套筒底座周围,呈环状,在压电晶体的两侧引出两根导线。重块也位于套筒底座周围,呈环状。重块、压电晶体利用壳体封装在底座套筒上,如图 5-75 所示。

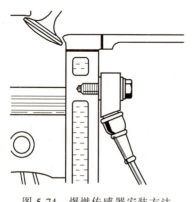

图 5-74 爆燃传感器安装方法

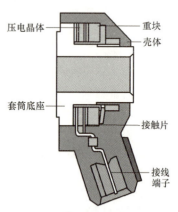

图 5-75 爆燃传感器的结构

四、爆燃传感器的工作原理

如图 5-76 所示,当对压电材料施以物理压力时,材料内的电偶极矩会因压缩而变短,此时压电材料为抵抗这种变化会在材料相对的表面上产生等量正负电荷,以保持原状。这种由于形变而产生电极化的现象称为"压电效应"。压电效应实质上是机械能转化为电能的过程。

如图 5-77 所示,当发动机出现爆燃时,爆燃传感器内的振动质量块在振动的激励下产

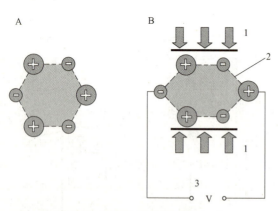

图 5-76 压电效应工作原理(一)
A—自由状态下的石英晶体 B—施加外力的石英晶体
1—施加的压力 2—正电荷与负电荷 3—产生的电压

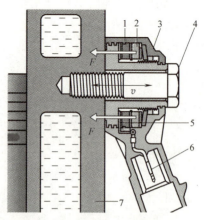

图 5-77 压电效应工作原理(二)
1—压电晶体 2—振动质量块 3—壳体 4—螺钉
5—接触片 6—线束 7—发动机缸体 v—振动速度

生压力 F，并作用在传感器内的环状压电晶体上，使压电晶体内部发生电荷移动，在其上下形成电压，通过导线传输到 ECM 内部，其产生的电压为交流电压。

爆燃传感器产生的是交流频率信号，由于信号相对较弱，其线路需要加装屏蔽线。安装螺钉的松紧度对反映发动机爆燃的敏感度有影响，因此安装爆燃传感器的力矩有严格要求。如 L2B 发动机爆燃传感器的拧紧力矩为 (20±2) N·m。

图 5-78 所示为爆燃传感器的信号波形。缸体振动越强烈，产生的电压越高。

传感器的两根信号线都将电压传输给 ECM，以构成回路。图 5-79 所示为上汽通用五菱宝骏 730 发动机爆燃传感器控制电路。

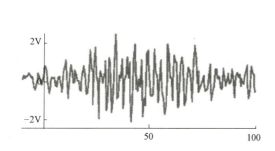

图 5-78 爆燃传感器波形信号特征

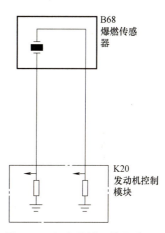

图 5-79 上汽通用五菱宝骏 730 发动机爆燃传感器控制电路

五、典型爆燃传感器

1. 奇瑞 A3 爆燃传感器

奇瑞 A3 发动机爆燃传感器电路如图 5-80 所示。

1) 故障诊断。ECU 对各种传感器、执行器以及功率放大电路和检测电路进行监测。若发现爆燃传感器故障、爆燃控制数据处理电路故障或判缸信号不可信，则判定爆燃传感器故障，关闭爆燃闭环控制，将点火提前角减小一个安全角。当出错频度降到低于设定值时，恢复正常控制状态。

故障灯状态：爆燃传感器出现信号不稳、出错时，发动机故障灯点亮。

2) 故障检测。将万用表调到毫伏档，用橡胶锤敲击发动机缸体，测量爆燃传感器应有电压输出，或轻轻敲打爆燃传感器（注意不要损坏传感器），也应有电压输出。

2. 丰田卡罗拉爆燃传感器

图 5-81 所示为丰田卡罗拉爆燃传感器电路，图

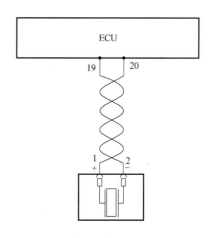

图 5-80 爆燃传感器电路图
1—爆燃信号（对应 ECU19#）
2—爆燃信号传感器搭铁（对应 ECU20#）

5-82所示为丰田卡罗拉爆燃传感器正常波形图，条件为：ECM端子KNK1和EKNK之间；检测仪量程：1V/格，1ms/格；发动机暖机后，保持发动机转速为4000r/min。

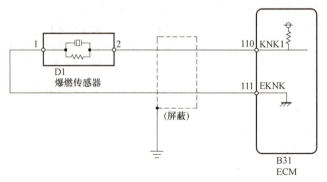

图 5-81　丰田卡罗拉爆燃传感器电路

1) 检查ECM（KNK1电压）。
① 断开爆燃传感器插接器。
② 将点火开关置于ON位。
③ 用万用表测量电压，如图5-83所示，电压值应符合技术要求，见表5-7。
④ 重新连接爆燃传感器插接器。
2) 检查爆燃传感器。
① 拆下爆燃传感器。
② 用万用表测量电阻值，如图5-84所示，应符合技术要求，见表5-8。
③ 重新安装爆燃传感器。

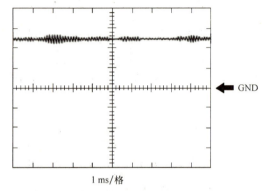

图 5-82　丰田卡罗拉爆燃传感器正常波形

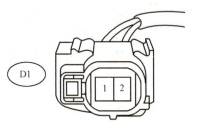

图 5-83　万用表测量电压

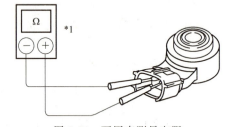

图 5-84　万用表测量电阻

表 5-7　标准电压值

检测仪连接	开关状态	规定状态
D1-2-D1-1	点火开关置于ON位	4.5~5.5V

表 5-8　标准电阻值

检测仪连接	条件	规定状态
1-2	20℃（68°F）	120~280kΩ

3) 检查线束和插接器（ECM-爆燃传感器）。

① 断开爆燃传感器插接器。
② 断开 ECM 插接器。
③ 用万用表测量电阻值，断路检查标准值见表 5-9；短路检查标准值见表 5-10。

表 5-9　标准电阻值（断路检查）

检测仪连接	条件	规定状态
D1-2-B31-110（KNK1）	始终	小于 1Ω
D1-1-B31-111（EKNK）	始终	小于 1Ω

表 5-10　标准电阻值（短路检查）

检测仪连接	条件	规定状态
D1-2 或 B31-110（KNK1）-车身搭铁	始终	10kΩ 或更大

④ 重新连接爆燃传感器插接器。
⑤ 重新连接 ECM 插接器。

六、爆燃传感器的诊断实例

1) 在不拔下爆燃传感器线束插接器的状态下，用万用表交流电压档测量信号线路对搭铁的电压。

2) 正常情况下，不敲击缸体时，其电压接近 0V。用合适的工具敲击安装爆燃传感器的缸体表面时，信号电压会有所上升，敲击的力度越大，信号电压越强。

3) 如果发现异常，则进行以下检查：
① 检查每一个信号线是否存在开路、对搭铁短路、对电源短路情况。
② 如果车辆有屏蔽线，则检查屏蔽线是否开路。
③ 如果以上检查都正常，则更换爆燃传感器。

七、案例学习

1. 故障现象

一辆搭载 L2B 发动机的 CN113R，车主反映该车有时起动困难，油耗高。用检测仪诊断，故障码为 P0118 冷却液温度传感器对搭铁短路断路。读数据流，发现冷却液温度一直为 45℃ 不变化，用万用表测量传感器信号电压为 5.00V。

2. 故障检测和分析

根据电路图分析造成此故障的原因可能是线路或传感器断路，造成电子控制单元检测到的信号电压一直是 5V。故障原因可能为：冷却液温度传感器信号线断路，冷却液温度传感器搭铁线断路，冷却液温度传感器内部断路，经检查发现传感器信号线在 ECU 插头位置断路。

3. 故障处理

接线后故障消失。

由本故障案例可知，可以利用检测仪的数据流功能判断爆燃传感器的信号是否正常，通过万用表测量可以找到具体故障点。

第七节　学习成果自检

填写以下表格，检验自己的学习成果。

序号	问题	自检结果
1	进气压力传感器如何检测	
2	霍尔式转速位置传感器产生的信号属于哪种类型	
3	如何区分混合气的真稀和假稀	
4	前氧传感器和后氧传感器的信号电压有何区别	
5	前氧传感器如何检测	
6	发动机电子控制单元是如何检测冷却液温度的	
7	爆燃传感器的信号电压有何特点	
8	加速踏板位置传感器的两个信号电压应符合什么逻辑关系	
9	节气门位置传感器的两个信号电压应符合什么逻辑关系	

第八节　传感器的原理和诊断实训

任务1：进气压力传感器的检查和诊断

- 训练情景：一辆五菱 CN113R 出现加速无力、冒黑烟的故障，检测仪诊断出进气压力传感器的故障码，作为车间技师，你将如何进行诊断维修？
- 训练任务：进气压力传感器的检查和诊断。
- 训练目标：能够按规范执行进气压力传感器的检查和诊断。
- 训练时间：40min。
- 注意事项：遵守车间安全规程，严格按照步骤进行操作。
- 训练实施条件：五菱 CN113R 两辆。

1. 任务说明

正确执行进气压力传感器的检查和诊断。

2. 任务准备

（1）训练物品准备

请列举进行此项任务所需的工具、设备、资料与辅料。

(2) 支持知识准备

请查阅相关资料，写出与此项训练任务相关的支持知识。

_____

_____

_____

_____

_____

3. 任务操作

(1) 操作步骤与要点

1) 用万用表测量信号电压，并写出测量要点。

_____

_____

2) 用 WDS 检测仪读取进气压力传感器数据流，同时用万用表测量信号电压，并填写下表。

	打开点火开关，不起动发动机	怠速稳定	2000r/min 稳定	将加速踏板猛踩到底	猛抬加速踏板至完全松开
压力值					
信号电压					

① 拔下传感器插头测量信号电压为_____V，其电控系统为_____。

② 传感器电源的检查，供电线路的检查要点：_____

_____

③ 正常情况下电压应为_____V，请验证。

④ 传感器搭铁的检查。搭铁的检查要点为：_____

_____

正常情况下电压应等于_____，请验证。

(2) 操作结果分析

如果测量的信号电压异常，则接下来优先检查哪里？

_____

_____

(3) 讨论

进气压力传感器的作用是什么？如果此传感器的信号错误会对发动机产生什么影响？

_____

_____

_____

任务 2：曲轴位置传感器的检查和诊断

- 训练情景：一辆五菱 CN113R 出现起动困难的故障，检测仪诊断出曲轴位置传感器的故障码，作为车间技师，你将如何进行诊断维修？
- 训练任务：曲轴位置传感器的检查和诊断。
- 训练目标：能够按规范执行曲轴位置传感器的检查和诊断。
- 训练时间：30min。
- 注意事项：遵守车间安全规程，严格按照步骤进行操作。
- 训练实施条件：五菱 CN113R 两辆。

1. 任务说明
正确执行曲轴位置传感器的检查和诊断。

2. 任务准备
（1）训练物品准备
请列举进行此项任务所需的工具、设备、资料与辅料。

_____
_____
_____
_____
_____
_____
_____

（2）支持知识准备
请查阅相关资料，写出与此项训练任务相关的支持知识。

_____
_____
_____
_____
_____
_____
_____

3. 任务操作
（1）操作步骤与要点
1）检查凸轮轴位置传感器信号时，万用表应选择_____档。
2）检查信号电压要点：_____
3）使用 1 个一字螺钉旋具接近凸轮轴位置传感器头部时，信号电压为_____V；离开传感器头部时信号电压为_____V；快速来回滑动螺钉旋具，电压变化的特点

是_____

（2）操作结果分析

1）如果测量的信号电压异常，则接下来优先检查：_____

2）供电的检查要点是：_____。请验证。

3）搭铁的检查要点是：_____。请验证。

4）拔下传感器插头测量传感器信号对搭铁的电压为_____V，该电压是从哪里输出的？

5）如果在以上检查中都未发现异常，而ECM仍报传感器信号故障，则需要检查什么？

（3）讨论

曲轴位置传感器无信号会导致哪些故障？

_____
_____
_____
_____

任务3：节气门位置传感器和加速踏板位置传感器的检查和诊断实训

- 训练情景：一辆五菱CN113R出现故障码P2135：节气门位置传感器1/2相关性不合理。作为车间技师，你将如何进行诊断维修？
- 训练任务：节气门位置传感器和加速踏板位置传感器的检查和诊断。
- 训练目标

目标1：能够按照规范执行节气门位置传感器的检查和诊断。

目标2：能够按照规范执行加速踏板位置传感器的检查和诊断。

- 训练时间：20min。
- 注意事项：遵守车间安全规程，严格按照步骤进行操作。
- 训练实施条件：五菱CN113R两辆。

1. **任务说明**

正确执行节气门位置传感器和加速踏板位置传感器的检查和诊断。

2. **任务准备**

（1）训练物品准备

请列举进行此项任务所需的工具、设备、资料与辅料。

_____
_____
_____
_____
_____
_____
_____

（2）支持知识准备

请查阅相关资料，写出与此项训练任务相关的支持知识。

_____
_____
_____
_____
_____
_____
_____

3. 任务操作

（1）操作步骤与要点

1）用诊断仪读取节气门位置传感器的数据流并填写下表。

	打开点火开关、节气门静止状态	打开点火开关、加速踏板踩到底	怠速	发动机转速为 2000r/min
节气门开度(%)				
节气门位置传感器1电压				
节气门位置传感器2电压				

2）用诊断仪读取加速踏板位置传感器的数据流并填写下表。

	不踩加速踏板	加速踏板踩下1/2	加速踏板踩下3/4	加速踏板踩到底
加速踏板开度(%)				
加速踏板传感器1电压				
加速踏板传感器2电压				

（2）操作结果分析

1）节气门位置传感器的两个信号之间符合什么逻辑关系：_____

2）加速踏板位置传感器的两个信号之间符合什么逻辑关系：_____

（3）讨论

如何用万用表检测节气门位置传感器和加速踏板位置传感器的电路？

_____
_____
_____
_____
_____

任务4：氧传感器的检查和诊断实训

● 训练情景：一辆五菱 CN113R 报故障码 P2177：空燃比闭环控制自学习值超上限（中负荷区）。作为车间技师，你将如何进行诊断维修？

- 训练任务：氧传感器的检查和诊断。
- 训练目标：能够按规范执行氧传感器的检查和诊断。
- 训练时间：45min。
- 注意事项：遵守车间安全规程，严格按照步骤进行操作。
- 训练实施条件：五菱 CN113R 两辆。

1. 任务说明

正确执行氧传感器的检查和诊断。

2. 任务准备

（1）训练物品准备

请列举进行此项任务所需的工具、设备、资料与辅料。

_____
_____
_____
_____
_____
_____

（2）支持知识准备

请查阅相关资料，写出与此项训练任务相关的支持知识。

_____
_____
_____
_____
_____
_____

3. 任务操作

（1）操作步骤与要点

1）用万用表测量氧传感器信号电压时应选择_____档。

2）拔下传感器插头，测量信号线对搭铁电压为_____V，该电压由_____提供，如果测量该电压为0V，则可能的故障原因是：_____。

3）不拔传感器插头，用万用表测量氧传感器信号，同时用诊断仪读取氧传感器的数据流，将结果填入下表。

工况	前氧传感器信号特点	后氧传感器信号特点
打开点火开关不起动		
热车怠速稳定运行		
猛踩加速踏板		
急速松开加速踏板		

（2）操作结果分析

1）如果前氧传感器信号电压始终为 0V，则可能的故障原因是：＿＿＿＿＿＿＿＿＿。优先进行的判断为：＿＿＿＿＿＿＿＿＿＿＿＿＿＿＿＿＿＿＿＿＿＿＿＿＿＿＿＿＿＿＿。

2）进行混合气真稀和假稀的判断，要点是：＿＿＿＿＿＿＿＿＿＿＿，请验证。

3）如果前氧传感器信号电压始终偏高，则可能的故障原因是：＿＿＿＿＿＿＿＿＿。优先进行的判断为：＿＿＿＿＿＿＿＿＿＿＿＿＿＿＿＿＿＿＿＿＿＿＿＿＿＿＿＿＿。

4）进行混合气真浓和假浓的判断，要点是：＿＿＿＿＿＿＿＿＿＿＿，请验证。

（3）讨论

1）如何判断氧传感器信号是否正常？

_____
_____
_____
_____
_____

2）如何通过氧传感器信号来判断混合气的浓度？

_____
_____
_____
_____
_____

任务 5：冷却液温度传感器和爆燃传感器的检查和诊断实训

- 训练情景：一辆五菱 CN113R 出现起动困难、散热风扇常转故障。作为车间技师，你将如何进行诊断维修？
- 训练任务：冷却液温度传感器和爆燃传感器的检查和诊断
- 训练目标

目标 1：能够按照规范执行冷却液温度传感器的检查和诊断。

目标 2：能够按照规范执行爆燃传感器的检查和诊断。

- 训练时间：40min。
- 注意事项：遵守车间安全规程，严格按照步骤进行操作。
- 训练实施条件：五菱 CN113R 两辆。

1. 任务说明

正确执行冷却液温度传感器和爆燃传感器的检查和诊断。

2. 任务准备

（1）训练物品准备

请列举进行此项任务所需的工具、设备、资料与辅料。

_____
_____
_____
_____

第五章　传感器的原理和诊断

（2）支持知识准备

请查阅相关资料，写出与此项训练任务相关的支持知识。

3. 任务操作

（1）操作步骤与要点

1）拔下传感器插头，测量信号线对搭铁电压为_____V，该电压由_____提供。诊断仪显示当前冷却液温度为_____。散热风扇_____速运转。

2）在发动机冷态时，不拔下传感器插头，用万用表测量冷却液温度传感器信号，同时用诊断仪读取冷却液温度传感器的数据流，将结果填入下表。

	当前	40℃	60℃	80℃
冷却液温度				
电压				

3）用万用表测量爆燃传感器信号电压时，应选择_____档。

4）不拔下传感器插头，用万用表测量爆燃传感器信号电压，将结果填入下表。

	打开点火开关 不起动发动机	怠速	发动机转速为 2000r/min	急加速
信号电压				

（2）操作结果分析

1）通过测量数据分析，当冷却液温度变化时，传感器电压变化的特点是：_____

2）如果检测仪数据流显示传感器信号电压为5V，则故障原因可能是：_____

3）通过测量数据分析，爆燃传感器信号电压的变化特点是：_____

（3）讨论

当冷却液温度传感器信号线断路时，ECM内部冷却液温度传感器的数据是否还会变化？

第九节　章 练 习 题

一、单项选择题

问题 1		按照一般标准，前氧传感器在 10s 内的变化次数应不少于几次？（　　）
	A	7
	B	8
	C	9
	D	10

问题 2		下面哪项是 L2B 发动机加速踏板位置传感器的正确电压信号？（　　）
	A	APP1 = 0.76V, APP2 = 0.38V
	B	APP1 = 1.51V, APP2 = 2.50V
	C	APP1 = 2.00V, APP2 = 3.00V
	D	APP1 = 5.01V, APP2 = 2.50V

问题 3		L2B 发动机正常急速热车时，进气压力传感器的信号电压为几伏左右？（　　）
	A	2.5
	B	5
	C	1.4
	D	3.2

二、多项选择题

问题 1		下列描述中哪些属于氧传感器的特点？（　　）
	A	打开点火开关不起动发动机时，其信号电压应为 0.45V 左右
	B	起动发动机后，正常情况下，前氧传感器的信号电压应在 0.1~0.8V 之间快速变化
	C	前氧传感器的作用是监测混合气的浓度
	D	后氧传感器主要用来检测三元催化转化器的性能

问题 2		下列哪些传感器属于有源传感器？（　　）
	A	进气压力传感器
	B	磁电式凸轮轴位置传感器
	C	霍尔式曲轴位置传感器
	D	爆燃传感器

三、简答题

1. 如果加速踏板位置传感器的两个信号电压不符合两倍关系,则下一步应如何检查?

2. 冷却液温度传感器如何检测?

四、思考与讨论

如何区分混合气真浓还是假浓?如果是假浓,则下一步应如何检查?

第六章 执行器的原理和诊断

●学习要点：

1) 燃油泵的原理和诊断。
2) 喷油器的原理和诊断。
3) 点火线圈的原理和诊断。
4) 火花塞的原理和诊断。
5) 电子节气门电动机的原理和诊断。
6) 可变进气歧管（VIM）系统电磁阀的原理和诊断。
7) 燃油蒸发控制系统（EVAP）电磁阀的原理和诊断。

●学习目标：

1) 能够解释燃油泵的原理并掌握诊断方法。
2) 能够解释喷油器的原理并掌握诊断方法。
3) 能够解释点火线圈的原理并掌握诊断方法。
4) 能够解释火花塞的原理并掌握诊断方法。
5) 能够解释电子节气门电动机的原理并掌握诊断方法。
6) 能够解释 VIM 电磁阀的原理并掌握诊断方法。
7) 能够解释 EVAP 电磁阀的原理并掌握诊断方法。

第一节 燃油泵的原理和诊断

一、燃油泵的作用

燃油泵的作用是给发动机燃油系统提供具有一定压力的燃油。电动燃油泵按照安装位置的不同可分为在线泵和在箱泵两类。图 6-1 所示为在箱泵，它因性能优越而得到更为广泛的应用。电动汽油泵总成如图 6-2 所示，它由电动汽油泵泵芯及托架构成。图 6-3 所示为燃油泵总成。

二、燃油泵的结构与原理

燃油泵主要由直流电动机、叶轮泵、燃油滤清器、单向阀和安全阀构成，如图 6-4 所示。直流电动机驱动叶轮泵将燃油吸入油管。燃油滤清器用来过滤燃油中的杂质。当系统油压过高时，安全阀打开，使燃油泄压，保证燃油系统的安全。发动机停机后，出油单向阀关闭，保持系统中的油压有利于发动机再次起动。如果出油单向阀封闭不严，则会导致发动机起动困难。

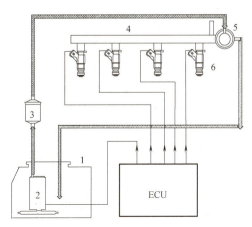

图 6-1 发动机的供油系统（在箱泵）
1—燃油箱 2—电动燃油泵 3—燃油滤清器
4—油轨 5—压力调节器 6—喷油器

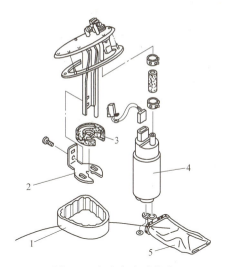

图 6-2 电动汽油泵总成
1—橡胶圈 2—固定座 3—橡胶缓冲垫
4—电动汽油泵 5—滤网

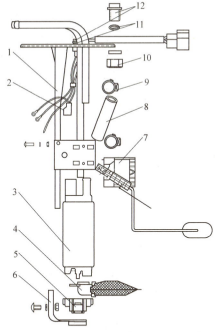

图 6-3 燃油泵总成（包含油位传感器）
1—铁支架组合件 2—线束插头 3—泵芯 4—滤网组合件
5—橡胶座 6—固定板 7—油位传感器 8—胶管
9—夹箍 10—螺母 11—密封圈 12—连接套

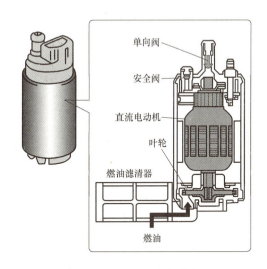

图 6-4 燃油泵的内部结构

三、燃油泵的控制

电动燃油泵由蓄电池通过燃油泵继电器供电。燃油泵继电器由发动机控制模块（ECM）

控制闭合和断开。点火开关置于点火位置时，电动燃油泵不一定通电。点火开关转到起动位置时，ECM 将燃油继电器闭合，电动燃油泵立即运转并连续供油。点火开关从起动位置转到点火位置时，电动燃油泵继续运转，这与起动前点火开关处在点火位置时的情形不同。因为 ECM 只在发动机运转的条件下才会控制燃油继电器闭合。这样可以避免发动机停止工作时还继续喷入燃油造成溢油。在汽车发生事故、发动机熄火的情况下，这可以防止燃油从可能已破损的燃油管中流出。

五菱 CN113R 的电动燃油泵由燃油泵继电器控制，而燃油泵继电器线圈的电源由主继电器提供。当点火开关置于 ON 位时，ECM 控制燃油泵继电器工作 2s 左右，如果在这个过程中发动机未起动，则燃油泵继电器停止工作。当点火开关置于 START 位时，起动机驱动发动机运转，发动机转速信号由曲轴位置传感器产生并传送给 ECM，ECM 此时会控制燃油泵继电器继续工作。发动机熄火后，燃油泵继电器也停止工作。图 6-5 所示为五菱 CN113R 的电动燃油泵控制电路。

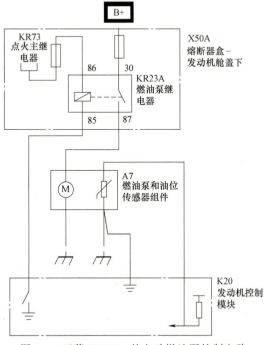

图 6-5 五菱 CN113R 的电动燃油泵控制电路

四、燃油泵电路的诊断

如果燃油泵出现不工作的故障，则按照如下流程进行诊断：

1）在不拔下燃油泵线束插接器的状态下，测量燃油泵电源线路与燃油泵搭铁线之间的电压。

2）在起动机运转时，正常情况下其电压应接近蓄电池电压。

3）如果发现异常，则进行以下检查：

① 检查燃油泵的搭铁是否存在开路或虚接。

② 检查燃油泵的电源线路是否存在开路或虚接。

③ 如果燃油泵的电源、搭铁电路都正常，则更换燃油泵总成。

五、燃油泵性能诊断

如果车辆出现不能起动或加速无力现象，则需要对燃油泵的性能进行检测，流程如下：

1）在发动机起动的状态下，拔下燃油泵继电器，直到发动机熄火。

2）断开燃油管路。注意操作时垫上棉布，防止燃油飞溅到车辆其他部分或喷入眼睛。

3）连接燃油压力表，如图 6-6 所示。

4）起动车辆，检查燃油压力表接口处是否存在燃油泄漏情况。如果存在泄漏，则必须在处理完成后进行后续检查。

5）急速时，燃油压力应在 0.38~0.41MPa 之间。

6）上路测试，将加速踏板踩到底，燃油压力不低于 0.35MPa。

7）如果以上测试压力低于标准值，则优先检查燃油泵电路。如果电路正常，则检查管路或滤清器是否存在堵塞。如果未发现异常，则更换燃油泵总成。

8）关闭点火开关，在 5min 之内，燃油压力不能低于 0.3MPa。如果低于 0.3MPa，则更换燃油泵总成。

六、典型燃油泵

1. 奇瑞 A3 燃油泵

图 6-7 所示为奇瑞 A3 燃油泵控制电路。

图 6-6　燃油泵性能诊断

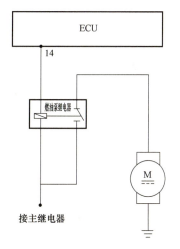

图 6-7　奇瑞 A3 燃油泵控制电路
14—接 ECU 的 14 号端子

故障简易检测方法：

1）卸下插头，把数字万用表调到欧姆档，两表笔分别接燃油泵两端子，测量其内阻，应不为零或无穷大，即非短路、非断路状态。

2）接上插头，在进油管接上燃油压力表，起动发动机，观察燃油泵是否工作。若不工作，则检查"+"端子是否有电源电压；若工作，则在急速工况下检查燃油压力是否在 350kPa 左右；踩加速踏板至发动机转速达 2500r/min，观察此时燃油压力是否在 350kPa 左右。

2. 丰田卡罗拉燃油泵

图 6-8 所示为丰田卡罗拉燃油泵的工作原理。发动机起动时，来自点火开关的起动机继电器驱动信号输入 ECM 的端子 STA，由曲轴位置传感器产生的 NE 信号输入端子 NE+。

STA 信号和 NE 信号输入 ECM 时，Tr 接通，电流流向 C/OPN（电路断路）继电器，C/OPN 继电器开关打开，向燃油泵供电，燃油泵工作。

产生 NE 信号（发动机运转）时，ECM 将保持 Tr 接通（C/OPN 继电器接通），燃油泵也保持运转。

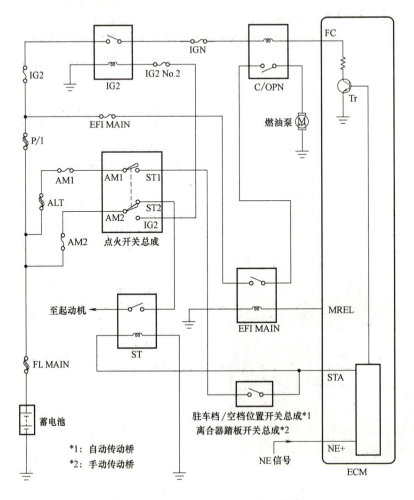

图 6-8 丰田卡罗拉燃油泵的工作原理

第二节 喷油器的原理和诊断

一、喷油器的作用

喷油器安装在缸盖的进气道上，由发动机控制模块（ECM）利用脉冲信号驱动，将燃油喷射到进气门的后方。图 6-9 所示为喷油器实物。

二、喷油器的结构

喷油器结构如图 6-10 所示。喷油器的前端

图 6-9 喷油器实物

有喷孔，依据不同的类型，喷孔数量不等。不工作时，喷孔在喷油针阀和回位弹簧的作用下处在关闭状态。燃油通过进油口、滤网进入中间腔室。针阀周围有电磁线圈。

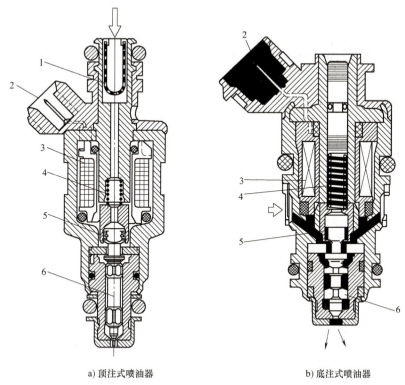

a) 顶注式喷油器　　　　b) 底注式喷油器

图 6-10　喷油器结构
1—滤网　2—插头　3—电磁线圈　4—复位弹簧　5—衔铁　6—针阀

三、喷油器控制原理

电控喷油器是一个由电磁开关控制的球阀装置。电磁线圈引出两极经过发动机线束与ECM和电源相连。电磁线圈受ECM控制对系统搭铁导通后，产生电磁力克服弹簧力、燃油压力和进气歧管真空吸力，吸起阀芯，使燃油穿过阀座孔，从导向孔涌出，以雾状喷射到进气门处。断电后，电磁力消失，在弹簧力及燃油压力的作用下，喷油器关闭。喷油器的顶部采用橡胶密封圈与燃油导轨接口形成可靠压力燃油密封。下部也采用橡胶密封圈与发动机进气歧管对空气密封。

喷油器的通电、断电由ECM控制（图6-11a）。ECM以电脉冲的形式向喷油器输出控制电流。当电脉冲从零升起时，喷油器通电开启。电脉冲回落到零时，喷油器断电关闭。电脉冲从升起到回落所持续的时间称为脉冲宽度。若ECM输出的脉冲宽度窄，则喷油持续时间短，喷油量少（图6-11b）。若ECM输出的脉冲宽度宽，则喷油持续时间长，喷油量多（图6-11c）。一般喷油器针阀升程约为0.1mm，而喷油持续时间在2~10ms之间。

喷油器一般由主继电器供电，ECM控制搭铁。当喷油器不工作时，针阀在回位弹簧的作用下紧紧压在阀座上，防止滴油。当需要喷油时，ECM控制喷油器的控制线搭铁，电磁线圈通电，产生电磁力，克服回位弹簧弹力和针阀的重力吸引衔铁上移，衔铁带动针阀由其

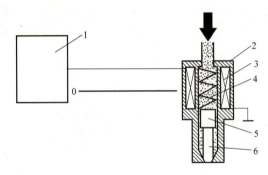
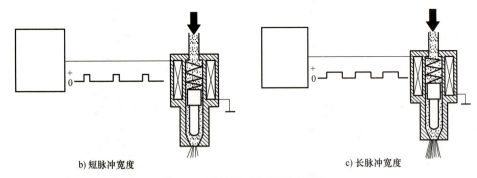

图 6-11 喷油器工作原理示意图

1—发动机电控单元（ECM） 2—喷油器体 3—电磁线圈 4—复位弹簧 5—衔铁 6—针阀

座面上升，喷油孔打开，燃油喷出。电磁线圈断电后，电磁力消失，回位弹簧使针阀迅速关闭，喷油器停止喷油。图 6-12 所示为上汽通用五菱宏光 S1 喷油器工作原理。

四、喷油器电路的诊断

1. 喷油器出现不工作故障时的诊断流程

1）测量蓄电池电压。

2）检查喷油器电源电路是否开路或虚接。将测针探入喷油器插接器的电源线上，万用表红色表笔接测针，黑色表笔接蓄电池负极，在不拔下喷油器线束插接器的状态下，将喷油器的控制线利用带熔丝的跨接线直接对搭铁短路（注意时间不能超过3s）。观察万用表的电压值，正常时应接近蓄电池电压。如果发现异常，则检查喷油器电源电路是否存在开路或虚接故障。

3）检查喷油器控制电路是否开路或虚接。将测针探入喷油器插接器的控制线上，万用表红色表笔接蓄电池正极，黑色表笔接测针。在不拔下喷油器插接器的状态下，将喷油器的控制线在ECM 的插接器处利用带熔丝的跨接线直接对搭铁短路（注意时间不能超过 3s）。观察万用表的电压值，正常时应接近蓄电池电压。如果发现异常，则检查喷油器控制电路是否存在开路或虚接故障。

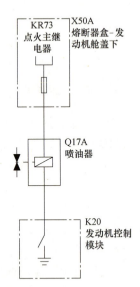

图 6-12 上汽通用五菱宏光 S1 喷油器工作原理

4）检查 ECM 是否对喷油器进行正常控制。在不拔下喷油器线束插接器的状态下，将二极管试灯一端通过测针接喷油器控制线，另一端接蓄电池正极。在起动机运转时，正常情况下二极管试灯应闪烁，如果不闪烁，则 ECM 本身有故障，或发动机防盗系统故障。

5）如果以上检查都正常，则在确保油轨燃油压力正常的情况下，清洗或更换喷油器。

2. 喷油器出现常工作故障时的诊断流程

1）检查喷油器控制电路是否常搭铁。将测针探入喷油器插接器的控制线上，万用表红色表笔接蓄电池正极，黑色表笔接测针。在不拔下喷油器插接器、点火开关置于 ON 位的状态下，电压应为 0V。如果测量电压接近蓄电池电压，则说明从喷油器插接器到 ECM 内部可能存在对搭铁短路的情况。

2）从 ECM 插接器处挑出控制线，如果电压恢复 0V，则说明 ECM 的插头端子异常或 ECM 内部故障。

3）如果测量电压接近 12V，则说明喷油器的插接器到 ECM 插接器处的电路对搭铁短路。

4）将喷油器拆下，放置在喷油器测试台上。给油轨加压时，正常情况下喷油器不应喷油。如果异常，则更换喷油器。

五、喷油器性能检测

当车辆出现怠速不稳或加速无力现象时，需将所有喷油器安装到喷油器测试台上进行检查。检查的内容如下：

1）检查喷油量是否符合标准。

2）检查燃油雾化程度。如果雾化程度低，则对喷油器进行清洗，然后再次检查雾化效果，如图 6-13 所示。

3）发动机停机后，检查喷油器是否存在滴漏现象。

图 6-13　喷油器清洗检测

六、典型喷油器

1. 奇瑞 A3 喷油器

图 6-14 所示为奇瑞 A3 喷油器工作原理。

电喷控制系统对喷油器并不实施故障诊断，只对喷油器驱动级实施故障诊断。

当喷油器驱动级对蓄电池短路或超载、对搭铁短路及断路时，系统报故障码。此时，关闭氧传感器闭环控制及其自学习预控制，最后一次自学习数据有效。

正常情况下，拔下喷油器插头后测量插头侧电压：1#为12V（蓄电池电压）；2#为3.6V（控制电压）。以上两次测量均为对搭铁电压。1#和2#之间的电压为8.5V左右（插头断开，点火开关处于打开状态）。

2. 丰田卡罗拉喷油器

图6-15所示为丰田卡罗拉喷油器控制电路图，图6-16所示为丰田卡罗拉ECM端子。

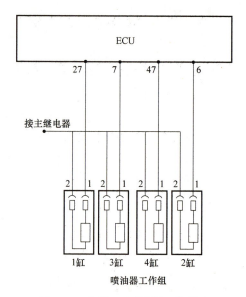

图6-14 奇瑞A3喷油器工作原理
1—喷油器信号线端子（分别接ECU的27、7、47和6号端子） 2—喷油器电源线

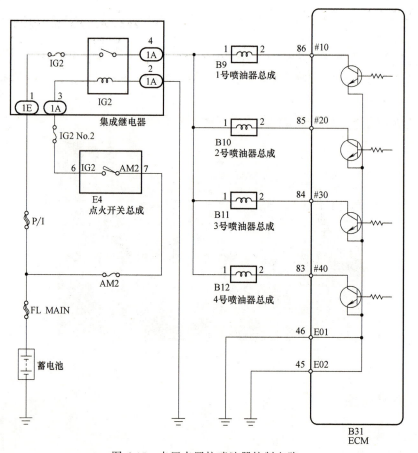

图6-15 丰田卡罗拉喷油器控制电路

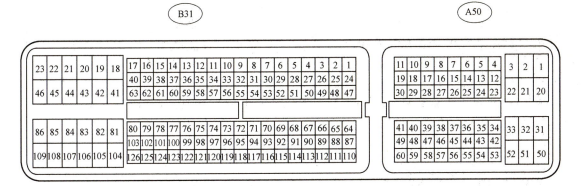

图 6-16 丰田卡罗拉 ECM 端子

喷油器检查程序如下。

1) 检查喷油器总成（电源）:

① 断开喷油器总成插接器。

② 将点火开关置于 ON 位。

③ 用万用表测量电压，如图 6-17 所示，应符合技术要求，标准电压见表 6-1。

④ 重新连接喷油器总成插接器。

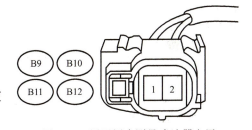

图 6-17 用万用表测量喷油器电压

表 6-1 用万用表测量喷油器的标准电压

检测仪连接	开关状态	规定值
B9-1-车身搭铁	点火开关置于 ON 位	11～14V
B10-1-车身搭铁	点火开关置于 ON 位	11～14V
B11-1-车身搭铁	点火开关置于 ON 位	11～14V
B12-1-车身搭铁	点火开关置于 ON 位	11～14V

2) 检查线束和插接器（喷油器总成-ECM）:

① 断开喷油器总成插接器。

② 断开 ECM 插接器。

③ 用万用表测量电阻，标准电阻（断路检查）应符合技术要求，见表 6-2。标准电阻（短路检查）应符合技术要求，见表 6-3。

表 6-2 用万用表测量的标准电阻（断路检查）

检测仪连接	开关状态	规定值
B9-2-B31-86(#10)	始终	小于 1Ω
B10-2-B31-85(#20)	始终	小于 1Ω
B11-2-B31-84(#30)	始终	小于 1Ω
B12-2-B31-83(#40)	始终	小于 1Ω

表 6-3　用万用表测量的标准电阻（短路检查）

检测仪连接	开关状态	规定值
B9-2 或 B31-86(#10)-车身搭铁	始终	10kΩ 或更大
B10-2 或 B31-85(#20)-车身搭铁	始终	10kΩ 或更大
B11-2 或 B31-84(#30)-车身搭铁	始终	10kΩ 或更大
B12-2 或 B31-83(#40)-车身搭铁	始终	10kΩ 或更大

④ 重新连接喷油器总成插接器。
⑤ 重新连接 ECM 插接器。
3）检查线束和插接器［集成继电器（IG2 继电器)-喷油器总成］：
① 断开喷油器总成插接器。
② 从发动机舱继电器盒上拆下集成继电器。
③ 断开集成继电器插接器。
④ 用万用表测量电阻，标准电阻（断路检查）应符合技术要求，见表 6-4。标准电阻（短路检查）应符合技术要求，见表 6-5。
⑤ 重新连接喷油器总成插接器。
⑥ 重新连接集成继电器插接器。
⑦ 重新安装集成继电器。

表 6-4　用万用表测量的标准电阻（断路检查）

检测仪连接	开关状态	规定值
B9-1-1A-4	始终	小于 1Ω
B10-1-1A-4	始终	小于 1Ω
B11-1-1A-4	始终	小于 1Ω
B12-1-1A-4	始终	小于 1Ω

表 6-5　用万用表测量的标准电阻（短路检查）

检测仪连接	开关状态	规定值
B9-1 或 1A-4-车身搭铁	始终	10kΩ 或更大
B10-1 或 1A-4-车身搭铁	始终	10kΩ 或更大
B11-1 或 1A-4-车身搭铁	始终	10kΩ 或更大
B12-1 或 1A-4-车身搭铁	始终	10kΩ 或更大

第三节　点火系统的原理和诊断

一、点火系统的作用

点火系统的作用是在适当的时刻，用足够强的火花点燃气缸内的混合气。点火性能对汽油发动机的燃烧过程非常重要，将直接影响发动机的动力性、燃油经济性以及排放性等指标。

二、点火系统的分类

目前常见的点火系统有两大类,分别是单缸独立点火系统和双缸同时点火系统。

图 6-18 所示为单缸独立点火系统的点火线圈。单缸独立点火系统取消了缸线,每个气缸单独用一个点火线圈,点火线圈直接与火花塞相连,实现了各缸点火的独立控制。这类点火线圈结构小巧,因此也称为笔式点火线圈。

图 6-19 所示为双缸同时点火系统的点火线圈。在双缸同时点火系统中,两个缸共用一个点火线圈。对于采用 1-3-4-2 做功顺序的四缸发动机来说,1 缸和 4 缸共用一个点火线圈,2 缸和 3 缸共用一个点火线圈。

图 6-18 单缸独立点火系统的点火线圈

图 6-19 双缸同时点火系统的点火线圈

三、单缸独立点火系统工作原理

点火线圈由两个绕组组成,分别为一次绕组与二次绕组。当一次绕组中的电流发生通断变化时,二次绕组中就会感应生成上万伏的高压电。二次电压的高低取决于两个绕组的匝数比,比值越大,二次绕组产生的电压就越高。点火能量的高低取决于一次绕组的电流与充磁时间。点火线圈的二次绕组一端通过导线搭铁,另一端接火花塞。点火时,电流通过火花塞中心电极,经过火花塞的侧电极回到缸盖上搭铁,形成回路。

独立点火方式是多气门汽油发动机无分电器点火系统普遍采用的方式。电控无分电器点火线圈分配式独立点火系统原理图如图 6-20 所示。该点火系统由电子控制单元(ECU)、点火控制模块(点火器)和点火线圈等组成。独立点火系统的主要特点是每个气缸配 1 个点火线圈和 1 个火花塞,点火线圈安装在火花塞上方,取消了高压线,由点火线圈直接向火花塞供电。汽油发动机工作时,ECU 按各缸工作顺序向点火控制模块发出点火信号。点火控制模块内相应的晶体管截止,使对应气缸点火线圈一次绕组断开,在二次绕组上感应生成高压电,进而使火花塞产生火花,点燃已被压缩的混合气。

独立点火系统每缸配置一个超小型闭磁路点火线圈,具有一次绕组充电时间长,点火能量传递损失小的优点。在 0~9000r/min 的发动机转速范围内,该点火系统都能提供足够高的点火电压和点火能量。另外,独立点火系统还具有电磁干扰少、击穿电压低(火花塞中

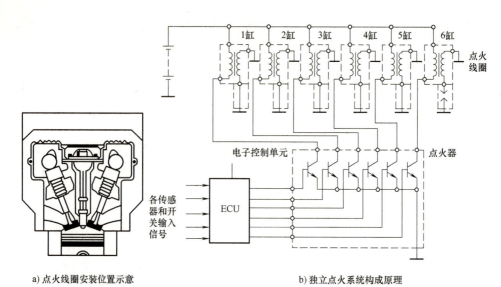

a) 点火线圈安装位置示意　　　　b) 独立点火系统构成原理

图 6-20　电控无分电器点火线圈分配式独立点火系统原理

心电极均为负极）和电极寿命长等优点。

图 6-21 所示为上汽通用五菱宝骏 730 的 B15 发动机独立点火系统工作原理电路。

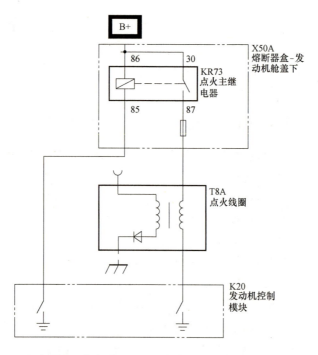

图 6-21　上汽通用五菱宝骏 730 B15 发动机独立点火系统工作原理电路

四、双缸同时点火系统工作原理

对四缸以上（含四缸）发动机而言，总是有两个气缸同时到达上止点，且一个缸在压缩行程上止点，另一个缸在排气行程上止点。两个火花塞同时产生火花，但它们所消耗的能量是不同的。处在压缩行程的气缸内压力大,点火线圈产生的点火能量大部分会消耗在这里,而处在排气行程的气缸温度高,排气压力小,所以跳火容易,点火线圈消耗的能量小。因此这种点火系统也称废火点火系统。

利用二极管分配高压电的双缸同时点火系统电路如图6-22所示。点火线圈由两个一次绕组和一个二次绕组构成,二次绕组的两端通过4个高压二极管与火花塞构成回路。对于点火顺序为1-3-4-2的发动机,1、4缸为一组,2、3缸为另一组。点火控制器中的两个功率晶体管分别控制一个一次绕组,这两个功率晶体管由ECU按点火顺序交替控制导通与截止。

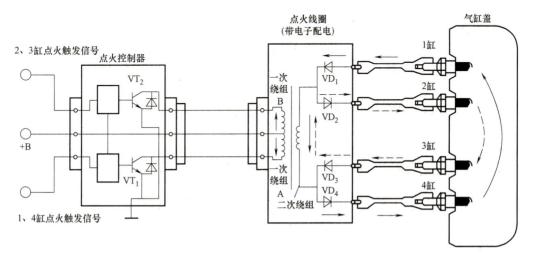

图6-22 利用二极管分配高压电的双缸同时点火系统电路

当ECU将1、4缸的点火触发信号输入点火控制器时,功率晶体管VT1截止,一次绕组A中的电流截断,二次绕组产生高压电动势,方向如图6-22中实线箭头所示。在该电动势的作用下,二极管VD1、VD4正向导通,1、4缸火花塞电极上的电压迅速升高,直至跳火,高压放电电流经图6-22中实线箭头所指方向构成回路。VD2、VD3反向截止,2、3缸火花塞不跳火。

当ECU将2、3缸点火触发信号输入点火控制器时,功率晶体管VT2截止,一次绕组B中的电流截断,二次绕组产生高压电动势,方向如图6-22中虚线所示。2、3缸火花塞跳火,1、4缸火花塞不跳火。

图6-23所示为上汽通用五菱发动机双缸同时点火系统工作原理电路。

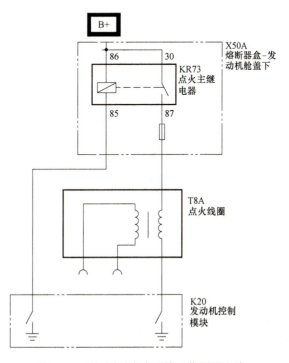

图6-23 双缸同时点火系统工作原理电路

五、点火线圈的诊断

发动机出现不能起动或怠速抖动故障时的诊断流程

1）拆卸点火线圈和火花塞，将火花塞安装到点火线圈上，插入点火线圈的插头，使火花塞侧电极距离气缸体 10mm 左右，运转起动机。

2）正常情况下，应能看到明亮的火花。

3）如果没有火花或火花弱，则按照以下流程进行检查：

① 检查点火线圈电源线路是否开路或虚接。将测针探入点火线圈插接器的电源线上，万用表红色表笔接测针，黑色表笔接蓄电池负极。在不拔下点火线圈线束插接器的状态下，将点火线圈的控制线利用带熔丝的跨接线直接对搭铁短路（注意时间不能超过 3s），观察万用表的电压读数。正常应接近蓄电池电压。如果发现异常，则检查点火线圈电源电路是否存在开路或虚接故障。

② 检查点火线圈控制线是否开路或虚接。将测针探入点火线圈插接器的控制线上，万用表红色表笔接蓄电池正极，黑色表笔接测针。在不拔下点火线圈插接器的状态下，将点火线圈的控制线在 ECM 的插接器处利用带熔丝的跨接线直接对搭铁短路（注意时间不能超过 3s），观察万用表的电压读数，正常应接近蓄电池电压。如果发现异常，则检查点火线圈控制电路是否存在开路或虚接故障。

③ 检查点火线圈控制线路是否常搭铁。将测针探入点火线圈插接器的控制线上，万用表红色表笔接蓄电池正极，黑色表笔接测针。在不拔下点火线圈插接器、点火开关置于 ON 位的状态下，电压为 0V。如果测量值接近蓄电池电压，则说明从点火线圈插接器到 ECM 内部可能存在对搭铁短路的情况。

④ 从 ECM 插接器处挑出控制线，如果电压恢复 0V，则说明 ECM 的插头端子异常或 ECM 内部故障。

⑤ 如果测量的电压还是接近蓄电池电压，则说明点火线圈的插接器到 ECM 插接器处的电路对搭铁短路。

⑥ 检查 ECM 是否对点火线圈进行正常控制。在不拔下点火线圈线束插接器的状态下，将二极管试灯一端通过测针接点火线圈控制线，另一端接蓄电池正极。起动机运转时，正常情况下二极管试灯应闪烁。如果不闪烁，则 ECM 本身有故障，或发动机防盗系统故障。

六、典型点火线圈

1. 奇瑞 A3 点火线圈

（1）点火线圈控制电路

图 6-24 所示为奇瑞 A3 点火线圈控制电路。点火系统控制原理如下：曲轴位置传感器—ECU（控制）—点火线圈—各缸高压线—火花塞。

起动发动机时，曲轴位置传感器将发动机转速信号发送到 ECU，ECU 在接收该信号后才开始计算点火和喷油时刻。如果系统无法接收转速信号（曲轴位置传感器损坏、传感器线路故障），则 ECU 不会控制点火线圈进行点火，发动机无法运转。

该系列发动机都采用了芯片防盗技术，当防盗系统进入防盗模式时，起动发动机。虽然转速、空气流量等信号都正常发送至 ECU，但系统依旧控制发动机不点火、不喷油，因此发动机无法正常运转。

（2）故障诊断

ECU 没有对点火线圈实施故障诊断的功能，因此如果点火线圈出现问题是没有故障码的，只有检查点火线圈电阻才能判断其是否工作正常。在正常情况下，点火线圈工作时发热量较大，但温度过高会导致其阻值增大，造成发动机工作不稳、自动熄火等故障。正常阻值：一次绕组为 0.8~0.9Ω；二次绕组为 14.5kΩ。

点火系统故障不单纯是点火线圈的故障，还应该考虑控制系统，特别是 ECU 工作是否良好。此外，还应考虑火花塞、高压线是否有故障，因为这两个部分出现故障对发动机系统影响也很大。

注意：点火线圈上有 4 个端子，在该系列发动机上，系统只用了其中的 3 个，点火线圈由 ECU 控制搭铁。点火线圈工作电压为 12V。

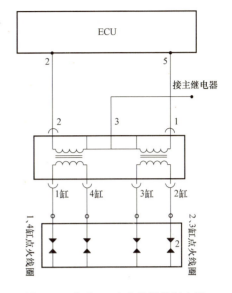

图 6-24 奇瑞 A3 点火线圈控制电路
1—2、3 缸点火控制（对应 ECU5#）
2—1、4 缸点火控制（对应 ECU2#） 3—接主继电器

2. 丰田卡罗拉点火线圈

（1）原理

丰田卡罗拉使用直接点火系统（DIS）。DIS 中，每个气缸由独立的点火线圈总成和火花塞点火。各点火线圈总成高压导线中产生的高压电直接作用到各火花塞上。火花塞中心电极产生的火花到达搭铁电极。ECM 确定点火正时并为各缸传输点火（IGT）信号。ECM 根据 IGT 信号接通或断开点火器内的功率晶体管。功率晶体管接通或断开流向一次绕组的电流。一次绕组中的电流被截断时，二次绕组中产生高压电，此高压电施加到火花塞上，并使气缸内部产生火花。一旦 ECM 截断流向一次绕组的电流，点火器就会将点火确认（IGF）信号发送回 ECM，使各缸点火。图 6-25 所示为丰田卡罗拉点火线圈工作原理。

（2）点火线圈波形图

使用示波器进行检查，发动机起动或怠速运转时，检查 ECM 插接器端子 IGT（1~4）与 E1 之间、IGF1 与 E1 之间的波形。图 6-26 所示为丰田卡罗拉点火线圈波形图。

（3）点火线圈控制电路

如图 6-27 和图 6-28 所示为丰田卡罗拉点火线圈控制电路。

（4）检查程序

1）检查线束和插接器（点火线圈总成-车身搭铁）。

① 断开点火线圈总成插接器。

② 用万用表测量电阻，标准电阻（断路检查）应符合技术要求，见表 6-6。

③ 重新连接点火线圈总成插接器。

2）检查点火线圈总成（电源）。

① 断开点火线圈总成插接器。

② 将点火开关置于 ON 位。

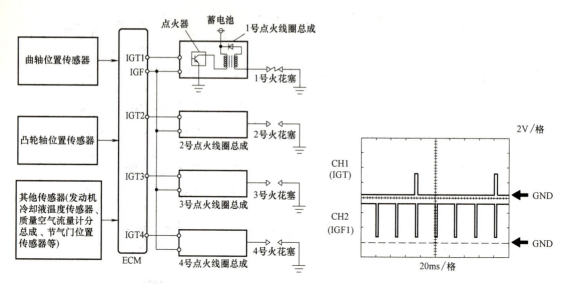

图 6-25　丰田卡罗拉点火线圈工作原理　　　图 6-26　丰田卡罗拉点火线圈波形图

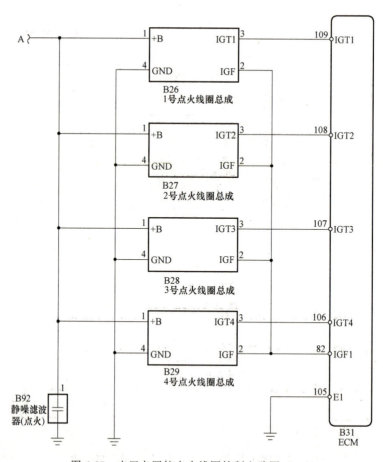

图 6-27　丰田卡罗拉点火线圈控制电路图（一）

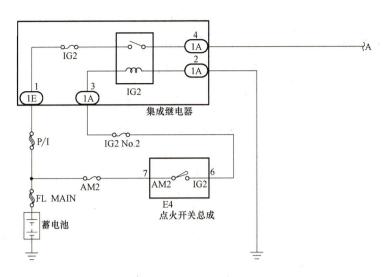

图 6-28　丰田卡罗拉点火线圈控制电路图（二）

表 6-6　用万用表测量标准电阻（断路检查）

检测仪连接	开关状态	规定值
B26-4(GND)-车身搭铁	始终	小于1Ω
B27-4(GND)-车身搭铁	始终	小于1Ω
B28-4(GND)-车身搭铁	始终	小于1Ω
B29-4(GND)-车身搭铁	始终	小于1Ω

③ 用万用表测量电压，如图 6-29 所示，应符合技术要求，见表 6-7。

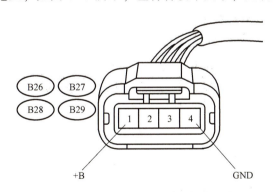

图 6-29　用万用表测量点火线圈电压

表 6-7　用万用表测量点火线圈的标准电压

检测仪连接	开关状态	规定值
B26-1(+B)-B26-4(GND)	点火开关置于 ON 位	11~14V
B27-1(+B)-B27-4(GND)	点火开关置于 ON 位	11~14V
B28-1(+B)-B28-4(GND)	点火开关置于 ON 位	11~14V
B29-1(+B)-B29-4(GND)	点火开关置于 ON 位	11~14V

④ 重新连接点火线圈总成插接器。

3）检查线束和插接器（点火线圈总成-ECM）

① 断开点火线圈总成插接器。

② 断开 ECM 插接器。

③ 用万用表测量电阻，标准电阻（断路检查）应符合技术要求，见表6-8；标准电阻（短路检查）应符合技术要求，见表6-9。

表6-8 用万用表测量标准电阻（断路检查）

检测仪连接	开关状态	规定值
B26-2(IGF)-B31-82(IGF1)	始终	小于1Ω
B27-2(IGF)-B31-82(IGF1)	始终	小于1Ω
B28-2(IGF)-B31-82(IGF1)	始终	小于1Ω
B29-2(IGF)-B31-82(IGF1)	始终	小于1Ω
B26-3(IGT1)-B31-109(IGT1)	始终	小于1Ω
B27-3(IGT2)-B31-108(IGT2)	始终	小于1Ω
B28-3(IGT3)-B31-107(IGT3)	始终	小于1Ω
B29-3(IGT4)-B31-106(IGT4)	始终	小于1Ω

表6-9 用万用表测量标准电阻（短路检查）

检测仪连接	开关状态	规定状态
B26-2(IGF)或B27-2(IGF)或B28-2(IGF)或B29-2(IGF)或B31-82(IGF1)-车身搭铁	始终	10kΩ或更大
B26-3(IGT1)或B31-109(IGT1)	始终	10kΩ或更大
B27-3(IGT2)或B31-108(IGT2)	始终	10kΩ或更大
B28-3(IGT3)或B31-107(IGT3)	始终	10kΩ或更大
B29-3(IGT4)或B31-106(IGT4)	始终	10kΩ或更大

④ 重新连接 ECM 插接器。

⑤ 重新连接点火线圈总成插接器。

第四节 火花塞的原理和诊断

一、火花塞的作用

火花塞的作用是利用点火线圈产生的高压电在电极处产生火花，点燃发动机气缸内的可燃混合气。图6-30所示为火花塞实物。

二、火花塞的结构与原理

中心电极与侧电极是火花塞的主要组成部分。中心电极使用电阻材料，以降低点火时释出的干扰电波

图6-30 火花塞实物

并保护点火线圈，其阻值一般在 5kΩ 左右。图 6-31 所示为火花塞结构。

火花塞的两个电极之间有 1mm 左右的间隙，点火线圈产生的瞬时高压电传递到中心电极时会击穿此间隙，进而传递到侧电极，并产生高能量的电火花，点燃电极附近的混合气。

火花塞上部用陶瓷进行绝缘，防止从侧边漏电。

三、火花塞的热值

热值是火花塞在正常工作条件下，不因其自身的热点而发生自点火能力的表征值。热值的定性描述分为"热型"和"冷型"。如果将不同型号的火花塞分别装在某一发动机上，在一定运行条件下，由于结构不同，各火花塞温度场的分布是不一样的，这主要表现在绝缘体裙部温度上。有些火花塞吸热多，而传热慢、散热少，绝缘体裙部温度高，这种火花塞属于热型。而有些火花塞吸热少、传热快、散热多，绝缘体裙部温度低，这种火花塞属于冷型。图 6-32 所示为冷型和热型火花塞。

影响热值最主要的因素是绝缘体裙部的长度。裙部越长，吸热的面积越大，吸收的热量越多，火花塞将越"热"；反之，裙部越短，火花塞将越"冷"。

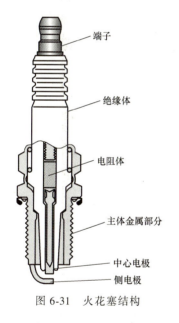

图 6-31　火花塞结构

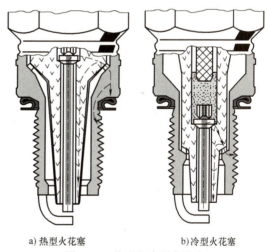

a) 热型火花塞　　b) 冷型火花塞

图 6-32　热型和冷型火花塞

由于各种发动机工作特性不同，没有一种标准的火花塞能适应所有发动机。因此必须根据发动机的特性来选择适合的火花塞。

选型的基本原则：热型发动机（大功率、大压缩比、高转速）应选配冷型火花塞（裙部短、导热部位短）；冷型发动机（小功率、小压缩比、低转速）应选配热型火花塞（裙部长、导热部位长），以维持火花塞的热平衡，使其工作温度保持在 500~850℃ 的范围内。

四、火花塞的检查

火花塞需要定期检查或更换。同时，通过对火花塞外观的检查，还可以间接地进行发动机故障判断。

中心电极与侧电极之间的间隙是火花塞的主要性能参数。如果电极间隙过小，则电极将吸收火花能量，导致火焰熄灭，使发动机起动困难、失火。如果电极间隙过大，则会使火花跳过电极变困难，点火线圈必须产生很高的电压才能击穿电极间隙，进而导致跳火不良或漏电故障。

如果火花塞使用时间超过正常使用寿命，则其电极间隙会因蚀耗而扩大，使点火线圈提高点火电压，加剧电极的烧蚀。如此反复，造成中心电极严重烧蚀。

正常火花塞的电极间隙在 0.7~1.2mm 之间。如果电极间隙过大，则需进行调整或更换。图 6-33 所示为火花塞电极间隙。

如果发动机正常运转，燃油质量和空燃比符合要求，则火花塞使用较长时间后，其绝缘体裙部为灰白色、灰黄色或灰褐色。有些裙部呈铁锈色或红色，是无铅汽油的添加剂造成的。两电极呈现灰褐色或微黑色，表明有轻微损耗，这是正常的工作外貌，说明火花塞的热值与发动机匹配良好，整个系统工作正常。图 6-34 所示为正常火花塞颜色。

图 6-33　火花塞电极间隙

图 6-34　正常火花塞颜色

火花塞严重积炭（图 6-35），是过多机油进入燃烧室造成的，俗称烧机油，伴随有排气管冒蓝烟现象。如果不及时处理，则更换新火花塞后也无法彻底排除故障。引起该故障的常见原因如下：

1）活塞、活塞环过度磨损。
2）气缸内腔过度磨损。
3）气门导管过度磨损。
4）气门油封损坏。

火花塞热值过低（绝缘体裙部相对较短）的情况下，发动机在低速和低负荷工况下连续运行，火花塞发火端吸收热量少，若温度低于自净温度（含铅汽油为 450℃，无铅汽油为 500℃），则不能将混合气燃烧产生的沉积物烧净，出现"过冷"的工作外貌。按沉积物的不同，可分为积炭和油污。

积炭是绝缘体裙部、电极和壳体表面覆盖的一层毛茸茸的黑色无光泽炭灰。如果空燃比过小，进入气缸的混合气过浓，则混合气不完全燃烧所产生的炭粒会附着于发火端表面，在裙部表面温度低于自净温度、不能将炭烧净的情况下便会产生积炭。

油污为火花塞发火端的发亮炭灰或油炭覆盖物，它是活塞环磨损窜油，使机油进入燃烧室所致。混合气过浓或点火不良也会造成火花塞上油污过多。

积炭和油污都会降低火花塞裙部表面电阻，导致高压电泄漏（图 6-36）、不跳火或间断跳火，发动机功率下降、工况不稳，甚至不工作。

图 6-35　火花塞积炭

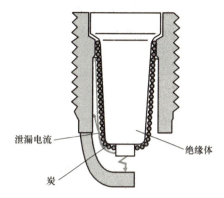

图 6-36　火花塞漏电

第五节　电子节气门的原理和诊断

一、电子节气门的作用

电子节气门（ETC）的作用是根据发动机工况和加速踏板行程对发动机的进气进行控制，其外观如图 6-37 所示。

二、电子节气门的结构

电子节气门由直流电动机、减速齿轮、节气门轴驱动齿轮、节气门轴和节气门以及壳体等组成，图 6-38 所示为电子节气门结构。

图 6-37　电子节气门外观

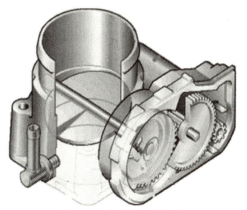

图 6-38　电子节气门结构

发动机控制模块（ECM）通过给电动机正、反向供电，使电动机驱动节气门轴动作，进而使节气门开度变大或变小。当电动机未通电时，节气门在弹簧弹力的作用下保持一定开度（L2B 发动机静置状态开度为 7% 左右）。图 6-39 所示为上汽通用五菱宝骏 730 电子节气门控制电路。

在正常工作状态下，ECM 为获得理想怠速，通过给电动机供电使电动机反转并保持。ECM 通过改变占空比来改变电动机供电电流的大小。电动机供电电流越大，节气门开度越小。当发动机由怠速加速到高转速时，ECM 首先取消对电动机的供电，使节气门轴在弹簧弹力的作用下回到静置状态时的位置。如果期望的发动机转速高于静置时的转速，则 ECM 正向给电动机供电，使电动机正转，加大节气门开度，直到达到期望的发动机转速，同时保持一定的电流强度以克服弹簧弹力。图 6-40 所示为上汽通用五菱宝骏 730 电子节气门开度控制信号。

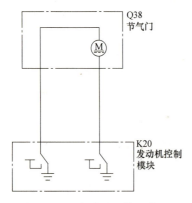

图 6-39　上汽通用五菱宝骏 730 电子节气门控制电路

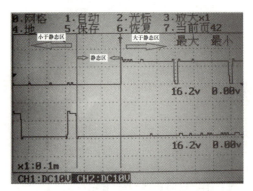

图 6-40　上汽通用五菱宝骏 730 电子节气门开度控制信号

三、电子节气门的诊断

如果发动机出现不能起动或怠速高等故障，则按照如下流程进行检查：

1）拆卸进气软管，在点火开关打开和关闭时，观察节气门是否动作，正常情况下会有动作。

2）如果没有动作，则在点火开关关闭状态下，用手搬动节气门，应较灵活自如。如果异常则先对节气门体进行清洗。如果清洗后仍搬不动或卡滞则更换节气门体总成。

3）如果用手搬动节气门时较灵活自如，则按照以下流程进行检查：

① 在连接节气门体总成插接器的状态下，将一个正反向双色的二极管试灯的两端与节气门电动机的两根电路连接，打开、关闭点火开关，或踩下、释放加速踏板时，正常情况下应能观察到二极管试灯的颜色交替变换并闪烁。如果正常则更换节气门体总成。如果异常则分别检查节气门电动机的每个电路是否存在开路、虚接或与电源短路的情况。

② 如果两个电路均正常，则更换节气门体总成。

第六节　可变进气歧管（VIM）系统的原理和诊断

一、VIM 的作用

可变进气歧管（Variable Intake Manifold，VIM）系统的作用是利用进气歧管长度的变化来提高发动机进气效率。图 6-41 所示为上汽通用五菱 B 系列发动机 VIM 系统阀门结构。

二、VIM 的组成

VIM 系统由真空管、电磁阀、真空执行器和控制长/短进气道的阀门组成,如图 6-42 所示。

图 6-41 上汽通用五菱 B 系列
发动机 VIM 系统阀门结构

图 6-42 上汽通用五菱 B 系列
发动机 VIM 系统组成

三、VIM 系统的控制原理

发动机在进气过程中,当进气门打开时,气流沿气门流入气缸;当进气门关闭时,气流运动受阻,被迫返回进气歧管。发动机运行时进气门周期性开启/关闭导致气流在进气歧管内往复振荡,进气歧管内压力也因此而波动。如果进气门开启时刚好处在压力波动的高压段,则会有更多空气进入气缸,这有利于提高充气效率。图 6-43 所示为 VIM 系统工作原理(一)。

"共振效应"改善进气的效果与发动机转速及进气歧管的形状有关。一般来说,发动机低速运转时,细而长的进气歧管有利于改善进气效果;发动机高速运转时,短而粗的进气歧管有利于改善进气效果。

VIM 阀门的位置是根据发动机转速变化的。发动机起动后,VIM 电磁阀不工作,切断真空执行器的真空,阀门处在关闭位置,短进气歧管关闭,这时发动机使用长进气歧管进气。当发动机的转速达到 4800r/min 左右时,VIM 电磁阀工作,接通真空,使真空执行器工作,阀门动作,发动机使用短进气歧管进气,进气效率提高。图 6-44 所示为 VIM 工作原理(二)。ECM 通过开关的方式控制 VIM 电磁阀工作。图 6-45 所示为上汽通用五菱 B 系列发动机 VIM 系统电路控制原理。

可变进气歧管的设计原则:能在配气相位、进气行程和空气振荡之间产生一个节拍,使气缸内的压力升高,从而使气缸的充气更充分,即充

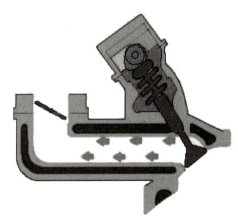

图 6-43 VIM 系统工作原理(一)

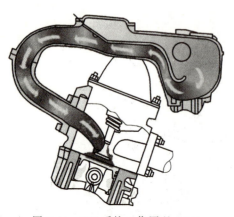

图 6-44 VIM 系统工作原理（二）

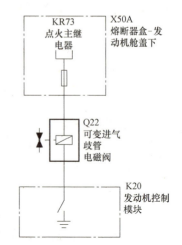

图 6-45 上汽通用五菱 B 系列发动机 VIM 系统电路控制原理

气系数或容积效率更高。

1）可变进气歧管处于功率位置（发动机转速为 0～1200r/min），VIM 电磁阀未通电。进气过程一开始就产生的真空波在功率进气总管内的大功率进气管终端被反射回来，经过很短时间后作为压力波又回到进气门处，如图 6-46 所示。

2）ECM 给 VIM 电磁阀通电，VIM 阀门将大功率进气管关闭。这时气缸只通过转矩进气管直接从进气总管吸入空气，如图 6-47 所示。

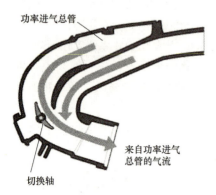

图 6-46 可变进气歧管的功率位置
（发动机转速为 0～1200r/min）

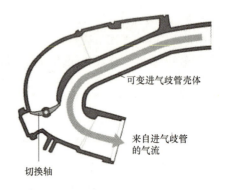

图 6-47 可变进气歧管的转矩位置
（发动机转速在 1200～4000r/min 之间）

四、VIM 的诊断

当发动机在高转速时出现加速无力故障时，进行以下检查：

1）起动发动机并使其在急速和高转速（4800r/min 左右）之间转换，正常情况应能观察到 VIM 阀门发生偏转。

2）如果 VIM 阀门轴不动，则在点火开关关闭的状态下，用手搬动 VIM 阀门轴，应能轻松搬动，松手后应能自动回位。如果异常则更换带 VIM 系统的进气歧管总成。

3) 如果用手搬动 VIM 阀门轴未发现异常，则优先进行电磁阀控制电路的检查。在不拔下 VIM 电磁阀插头的状态下，将万用表红表笔接电磁阀的供电电路，黑表笔接电磁阀的控制线，起动发动机并在怠速和高转速之间转换，VIM 电磁阀工作电压正常情况下应接近蓄电池电压。注意不同车型的 VIM 电磁阀初始位置不同。

如果异常，则检查供电电路和控制电路是否存在开路或虚接故障。

拆卸 VIM 电磁阀，在不供电的状态下，VIM 电磁阀的真空电动机端应与大气相通，而与节气门后方的真空侧不通。VIM 电磁阀通电的状态下，其真空电动机端应与节气门后方的真空侧相通，而与大气不通。如果异常则更换 VIM 电磁阀总成。

在怠速状态下检查节气门后方的真空管是否有真空。如果异常则检查真空管是否安装到位。如果未发现异常则更换带 VIM 系统的进气歧管总成。

将真空管直接连接到真空电动机，正常情况下，真空电动机应能动作。拔下真空管，真空电动机能自动回位。如果异常则更换真空电动机。

第七节　燃油蒸发控制系统（EVAP）电磁阀的原理和诊断

一、EVAP 电磁阀的作用

目前，发动机排放系统中都装备了燃油蒸发控制系统，燃油蒸气到达燃油箱顶部后，通过管路收集在炭罐里，在合适的发动机工况下，ECM 控制 EVAP 电磁阀开启，将燃油蒸气送到节气门后方的进气歧管中，最后进入燃烧室燃烧。图 6-48 所示为上汽通用五菱 B 系列发动机 EVAP 电磁阀安装位置。

二、EVAP 电磁阀的结构与原理

EVAP 电磁阀内部有一组电磁线圈，电磁线圈通电产生吸力，使阀门打开。ECM 通过占空比来控制 EVAP 电磁阀，使其可以保持在任一开度。图 6-49 所示为上汽通用五菱 B 系列发动机 EVAP 电磁阀控制电路。

发动机怠速时，控制信号占空比较小，EVAP 电磁阀的开度较小，引入的燃油蒸气较少，如图 6-50 所示。发动机高转速时，控制信号占空比较大，EVAP 电磁阀的开度相对较大，引入的燃油蒸气较多，如图 6-51 所示。

三、EVAP 电磁阀的诊断

当发动机出现冒黑烟、行驶中熄火和怠速抖动等故障时，需检查 EVAP 电磁阀，检查方法如下：

1) 在不拔下 EVAP 电磁阀插头的状态下，检查 EVAP 电磁阀的供电电压，正常情况下应接近蓄电池电压。如果异常则检查供电电路是否存在开路或虚接情况。

2) 在不拔下电磁阀线束插接器的状态下，将二极管试灯一端连接 EVAP 电磁阀的控制线，另一端连接蓄电池正极。起动发动机并在怠速和高转速之间转换时，应能观察到试灯闪烁。如果异常则检查 EVAP 电磁阀控制电路是否存在开路或对搭铁短路故障。

3) 用万用表电阻档检查 EVAP 电磁阀控制电路虚接故障。

图 6-48 上汽通用五菱 B 系列发动机
EVAP 电磁阀安装位置

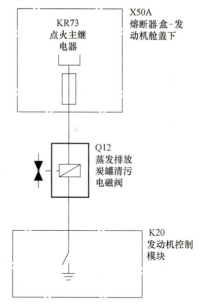

图 6-49 上汽通用五菱 B 系列发动机
EVAP 电磁阀控制电路

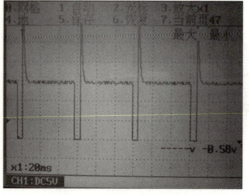

图 6-50 小开度控制信号

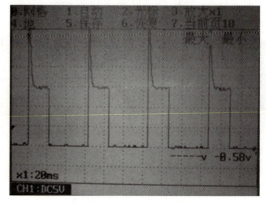

图 6-51 大开度控制信号

4）拆卸 EVAP 电磁阀。在不供电的状态下，EVAP 电磁阀的两端应不导通。通电时，EVAP 电磁阀的两端应导通。如果异常则更换 EVAP 电磁阀。

四、典型 EVAP 电磁阀

奇瑞 A3 EVAP 电磁阀介绍如下。

（1）组成和原理

奇瑞 A3 EVAP 电磁阀由电磁线圈、衔铁和阀等组成，如图 6-52 所示。进口处设有滤网。流过 EVAP 电磁阀的气流流量一方面与 ECU 输出的控制信号占空比有关，另一方面还与电磁阀进口和出口之间的压力差有关。没有控制信号时，EVAP 电磁阀关闭。ECU 根据发动机各传感器提供的信号，控制 EVAP 电磁阀的通电时间，间接控制了清洗气流的大小。

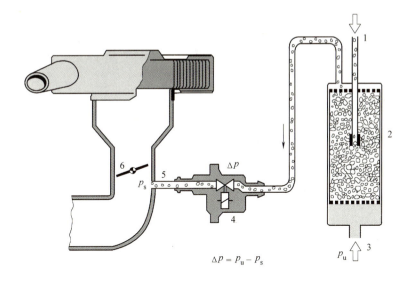

图 6-52 奇瑞 A3 EVAP 电磁阀工作原理
1—燃油蒸气进口 2—炭罐总成 3—大气压力(P_u) 4—电磁阀体 5—连接软管 6—节气门

（2）工作状态

当冷却液温度、发动机工作时间、负荷等因素达到预定要求时，ECU 会控制 EVAP 电磁阀工作，以下情况不参与工作：

1）发动机冷起动后一段时间。
2）发动机冷却液温度较低。
3）发动机怠速运行阶段。
4）发动机大负荷运行阶段。
5）系统重要传感器有故障。

（3）电路图

图 6-53 所示为奇瑞 A3 EVAP 电磁阀电路。

（4）故障诊断

ECU 没有对 EVAP 电磁阀实施故障诊断的功能，但对 EVAP 电磁阀驱动级有故障诊断功能。当发生 EVAP 电磁阀驱动级对蓄电池短路或超载，对搭铁短路、断路时，则 ECU 关闭燃油定量闭环控制基本自学习，关闭怠速空气需要量自学习，当时的自学习数据有效。EVAP 电磁阀故障时，发动机多表现为怠速不稳或怠速过高。

在维修过程中注意：如果更换 EVAP 电磁阀时发现管路内有碳粒，则应将炭罐和 EVAP 电磁阀同时更换。电磁阀检测：24～26Ω（标准阻值：25Ω）。工作电压为 12V。

断开 EVAP 电磁阀插头检查电压：A 为 3.6V

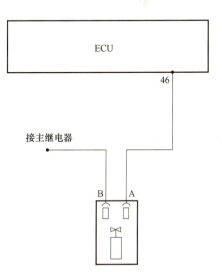

图 6-53 炭罐控制阀电路图
A—炭罐清洗控制（对应 ECU46#）
B—线圈电源（接主继电器）

左右；B为12V左右（蓄电池电压）。

第八节 散热风扇的控制原理与诊断

一、散热风扇的作用

当发动机冷却液温度达到设定温度时，ECM控制散热风扇工作，对散热器进行散热。ECM依据冷却液温度，对散热风扇的转速进行调节。

开启空调时，ECM也会控制散热风扇工作，对冷凝器进行散热。

目前，五菱CN113R采用1个散热风扇，ECM用2个继电器控制散热风扇的转速。当冷却液温度为95℃时，ECM控制散热风扇低速继电器工作，散热风扇低速运转；当冷却液温度低于92℃时，ECM停止对散热风扇低速继电器进行控制，散热风扇停止运行。当冷却液温度高于100℃时，ECM控制冷却风扇高速继电器工作，散热风扇高速运转。开启空调时，散热风扇高速运转，如图6-54所示。

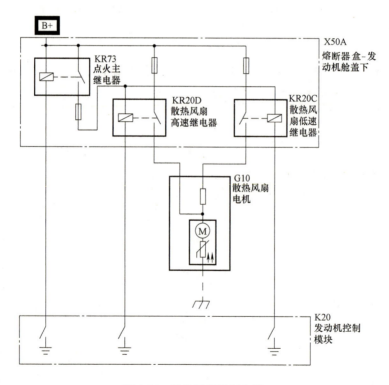

图6-54 散热风扇控制电路

二、典型散热风扇

奇瑞A3散热风扇介绍如下。

（1）特点及安装要求

奇瑞A3采用由直流电动机驱动的双散热风扇，散热风扇安装在散热器与发动机之间。

安装时应注意：不要损坏散热风扇叶片，否则会使散热风扇的运转噪声增大，甚至可能导致发动机散热效果严重下降。

（2）散热风扇控制电路图

图 6-55 所示为奇瑞 A3 散热风扇控制电路。

（3）故障诊断

1）散热风扇控制电路对搭铁短路、断路。

2）散热风扇本身问题。

3）散热风扇噪声过大。

4）散热风扇供电电路故障。

（4）故障排除

先确认故障是高速散热风扇问题，还是低速散热风扇问题。如果是散热风扇控制系统问题，则可借助诊断仪确认故障点，判断是控制电路短路还是断路。

（5）故障现象

散热风扇故障后会导致发动机冷却液温度升高、空调系统制冷效果不良。

（6）散热风扇控制

1）散热风扇低速档开启。

① 发动机冷却液温度高于 96℃，低于 102℃。

② 有空调请求，散热风扇启动。

③ 车速过高时散热风扇启动。

2）散热风扇高速启动。

① 发动机冷却液温度传感器故障。

② 空气流量计故障。

③ 发动机冷却液温度高于 102℃。

3）发动机停机后散热风扇工况。

① 发动机进气温度传感器故障，延时 60s。

② 发动机冷却液温度传感器故障，延时 60s。

③ 发动机冷却液温度高于 100.5℃，延时 60s。

④ 发动机冷却液温度高于 70.5℃，延时 60s。

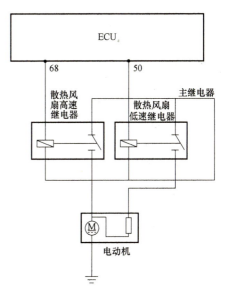

图 6-55 散热风扇控制电路

第九节 学习成果自检

填写以下表格，检验自己的学习成果。

序号	问题	自检结果
1	燃油泵出现不工作故障如何检测	
2	喷油器的性能检测主要包括哪些项目	

(续)

序号	问题	自检结果
3	如何检测点火线圈的点火性能	
4	电子节气门如何检测	
5	VIM 电磁阀的作用是什么	
6	L2B 发动机散热风扇如何实现高低速运转	

第十节　执行器的原理和诊断实训

任务 1：燃油泵和喷油器的检查和诊断实训

● 训练情景：一辆五菱 CN113R 出现不能起动故障，作为车间技师，你将如何对燃油泵和喷油器进行检查？
● 训练任务：燃油泵和喷油器的检查和诊断。
● 训练目标
目标 1：能够按规范执行燃油泵的检查和诊断。
目标 2：能够按规范执行喷油器的检查和诊断。
● 训练时间：30min。
● 注意事项：遵守车间安全规程，严格按照步骤进行操作。
● 训练实施条件：五菱 CN113R 两辆。

1. 任务说明

正确执行燃油泵和喷油器的检查和诊断。

2. 任务准备

（1）训练物品准备

请列举进行此项任务所需的工具、设备、资料与辅料。

_____

_____

_____

_____

_____

_____

_____

（2）支持知识准备

请查阅相关资料，写出与此项训练任务相关的支持知识。

_____

3. 任务操作

(1) 操作步骤与要点

1) 接上燃油压力表,对燃油压力进行测量并将结果填入下表。

	打开点火开关、不起动	发动机怠速	加速到发动机转速为 2500r/min	熄火 5min 后
燃油压力				

2) 喷油器供电开路或虚接的检查要点:_____
_____,请验证。

如果电压偏低则说明:_____

3) 喷油器控制电路开路或虚接的检查要点:_____
_____,请验证。

如果电压偏低则说明:_____

4) 利用二极管试灯检查 ECM 对喷油器的控制信号,正常情况下二极管试灯应该:_____
_____,请验证。

(2) 操作结果分析

1) 如果油压偏低,则可能的原因有哪些:_____

2) 现场讨论燃油泵电源的检查要点:_____
_____

3) 现场讨论燃油泵搭铁的检查要点:_____
_____

4) 如果以上检查都正常,则接下来还需要检查哪些项目:_____

5) 利用二极管试灯检查喷油器的控制信号时,二极管试灯应接蓄电池正极还是负极:_____
_____

6) 如果二极管试灯接蓄电池负极,则会出现什么现象:_____

(3) 讨论

现场讨论如何判断喷油器控制电路对搭铁短路故障。

将测针探入喷油器插接器的控制线上,万用表红色表笔接蓄电池正极,黑色表笔接测针。在不拔下喷油器插接器、点火开关置于 ON 位的状态下,电压应为 0V。如果测量电压接近蓄电池电压,则说明从喷油器插接器到 ECM 内部可能存在对搭铁短路的故障。

任务 2：点火线圈的检查和诊断实训

- 训练情景：一辆五菱 CN113R 偶尔出现加速无力故障，作为车间技师，你将如何对点火线圈进行检查？
- 训练任务：点火线圈的检查和诊断。
- 训练目标：能够按照规范执行点火线圈的检查和诊断。
- 训练时间：20min。
- 注意事项：遵守车间安全规程，严格按照步骤进行操作。
- 训练实施条件：五菱 CN113R 两辆

1. 任务说明
正确执行点火线圈的检查和诊断。

2. 任务准备
（1）训练物品准备

请列举进行此项任务所需的工具、设备、资料与辅料。

_____
_____
_____
_____
_____
_____
_____
_____

（2）支持知识准备

请查阅相关资料，写出与此项训练任务相关的支持知识。

_____
_____
_____
_____
_____
_____
_____
_____

3. 任务操作
（1）操作步骤与要点

1) 拆卸点火线圈和火花塞，距离缸体_____mm 以上，观察火花塞跳火，正常情况下观察到的火花应是_____，请验证。

2) 利用二极管试灯检查 ECM 对点火线圈的控制信号，正常情况下二极管试灯应_____。请验证。

（2）操作结果分析

如果在试火时发现火花较弱或没有火花，则需要检查哪些项目：_____

（3）讨论

试火时为什么要距离缸体一定距离？

_____
_____
_____
_____
_____

任务3：VIM 电磁阀和 EVAP 电磁阀的检查和诊断实训

- 训练情景：一辆五菱 CN113R 出现怠速不稳故障，作为车间技师，你将如何对 VIM 电磁阀和 EVAP 电磁阀进行检测？
- 训练任务：VIM 电磁阀和 EVAP 电磁阀的检查和诊断。
- 训练目标

目标1：能够按照规范执行 VIM 电磁阀的检查和诊断。

目标2：能够按照规范执行 EVAP 电磁阀的检查和诊断。

- 训练时间：20min。
- 注意事项：遵守车间安全规程，严格按照步骤进行操作。
- 训练实施条件：五菱 CN113R 两辆。

1. 任务说明

正确执行 VIM 电磁阀和 EVAP 电磁阀的检查和诊断。

2. 任务准备

（1）训练物品准备

请列举进行此项任务所需的工具、设备、资料与辅料。

_____
_____
_____
_____
_____

（2）支持知识准备

请查阅相关资料，写出与此项训练任务相关的支持知识。

_____
_____

3. 任务操作

（1）操作步骤与要点

1）在发动机熄火状态下观察 VIM 阀门轴处于_____位置，用手搬动阀门，能否搬动：____

2）发动机怠速运行 1min，观察 VIM 阀门轴处于_____位置，当发动机转速达到_____r/min 左右时，VIM 阀门轴的位置发生改变。

3）在不拔下 EVAP 电磁阀插头的状态下，断开从炭罐来的管路，分别感受发动机怠速和转速为 2000r/min 时的真空度，比较哪个真空度大：_____

4）起动发动机的状态下，拔下 EVAP 电磁阀插头，感受真空度的特点是：_____

（2）操作结果分析

1）VIM 电磁阀工作的条件是：_____

2）如果在怠速时能感受到真空度，则说明 EVAP 电磁阀可能存在什么问题？_____

（3）讨论

EVAP 电磁阀常通对发动机怠速有什么影响？

第十一节　章　练　习　题

一、单项选择题

		L2B 发动机起动时正常燃油压力是多少？（　　）
问题 1	A	400kPa 左右
	B	250kPa 左右
	C	300kPa 左右
	D	450kPa 左右

		试火时，应使火花塞侧电极距离气缸体多远？（　　）
问题 2	A	1mm
	B	3mm
	C	10mm
	D	20mm

问题 3	EVAP 电磁阀的作用是什么？（　　）	
	A	控制进气歧管的长度
	B	将炭罐内的燃油蒸气引入进气歧管
	C	喷射燃油
	D	控制散热风扇的转速

二、多项选择题

问题 1	下列哪些执行器的控制信号是占空比信号？（　　）	
	A	喷油器
	B	燃油泵
	C	节气门电动机
	D	EVAP 电磁阀

问题 2	以下哪些是喷油器滴漏容易导致的故障现象？（　　）	
	A	发动机热车后不好起动
	B	油耗高
	C	混合气浓
	D	三元催化转化器早期损坏

三、简答题

如何检测燃油泵性能？

四、思考与讨论

如何检测电子节气门？

附　　录

附录 A　奇瑞 A3 ECU 端子定义

奇瑞 A3 ECU 端子定义见附表 1。

附表 1　奇瑞 A3 ECU 端子定义

端子号	连接点	端子号	连接点
1	氧传感器加热	22	空
2	点火线圈 2	23	加速度传感器
3	点火搭铁	24	空
4	氧传感器加热	25	空
5	点火线圈 1	26	空
6	喷油器 4(第 2 缸)	27	喷油器 1(第 1 缸)
7	喷油器 2(第 3 缸)	28	空
8	发动机转速	29	空
9	冷却液温度	30	空
10	燃油消耗	31	EOBD 检测灯
11	故障指示灯	32	5V 电源 2
12	持续电源	33	5V 电源 1
13	点火开关	34	发动机转速传感器 B
14	主继电器	35	传感器搭铁 3
15	发动机转速传感器 A	36	传感器搭铁 2
16	加速踏板位置传感器	37	空气流量传感器
17	传感器搭铁 1	38	电子节气门位置
18	上游氧传感器	39	发动机冷却液温度传感器
19	爆燃传感器 A	40	加速踏板位置传感器
20	爆燃传感器 B	41	空调压力
21	制动灯	42	进气温度

(续)

端子号	连接点	端子号	连接点
43	空	63	非持续电源
44	非持续电源	64	电子节气门控制
45	非持续电源	65	电子节气门控制
46	EVAP 电磁阀	66	电子节气门控制
47	喷油器 3（第 4 缸）	67	电子节气门控制
48	空	68	散热风扇
49	空	69	空调继电器
50	散热风扇控制 1	70	油泵继电器
51	电子搭铁 2	71	诊断 K 线
52	空	72	空
53	电子搭铁 1	73	防盗器
54	电子节气门位置	74	离合器开关
55	下游氧传感器	75	空调开关
56	空	76	动力转向开关
57	空	77	前照灯开关
58	制动开关	78	传感器搭铁
59	车速信号	79	相位传感器
60	中压开关	80	功率搭铁 2
61	功率搭铁 1	81	CAN 通信
62	CAN 通信	82	

附录 B 丰田卡罗拉发动机线束位置连接图

1. 发动机舱接线盒
附图 1～附图 3 所示分别为发动机舱接线盒电路图（一）、电路图（二）和电路图（三）。

2. 发动机舱继电器盒和发动机舱接线盒内部电路
附图 4 和附图 5 所示分别为发动机舱继电器盒和发动机舱接线盒内部电路（单元 A）和发动机舱继电器盒和发动机舱接线盒内部电路（单元 B）。

3. 发动机控制系统电路图
附图 6～附图 9 所示为发动机控制系统相关电路。

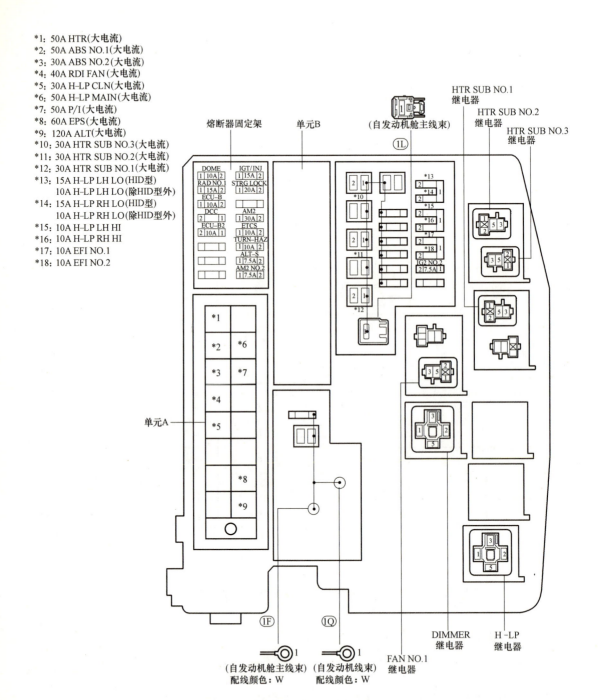

附图1 发动机舱接线盒电路（一）

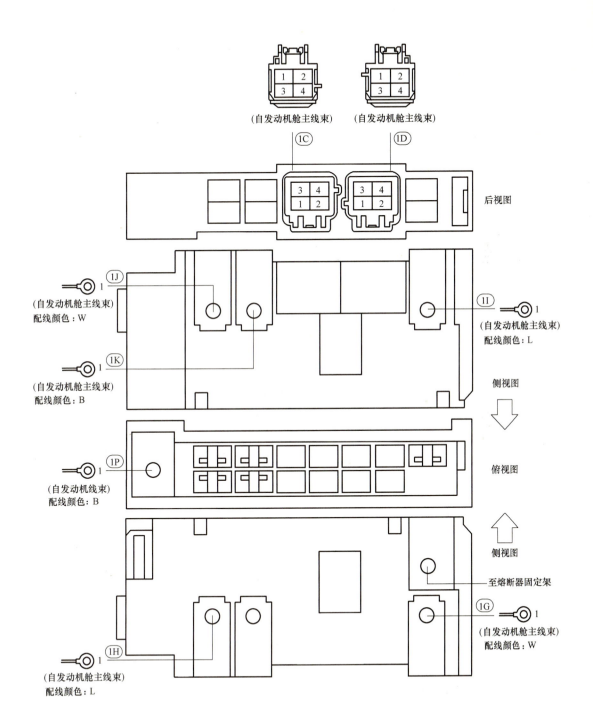

附图2 发动机舱接线盒电路（二）

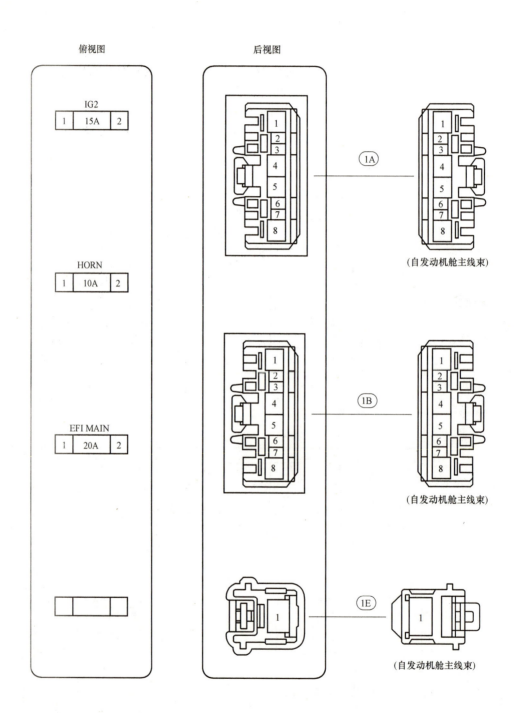

附图3　发动机舱接线盒电路（三）

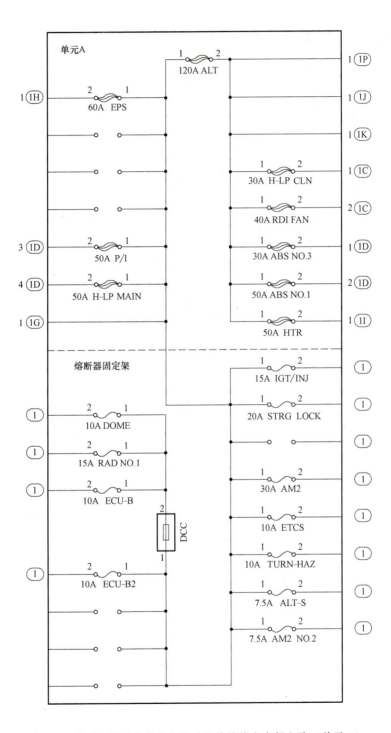

附图4 发动机舱继电器盒和发动机舱接线盒内部电路(单元A)

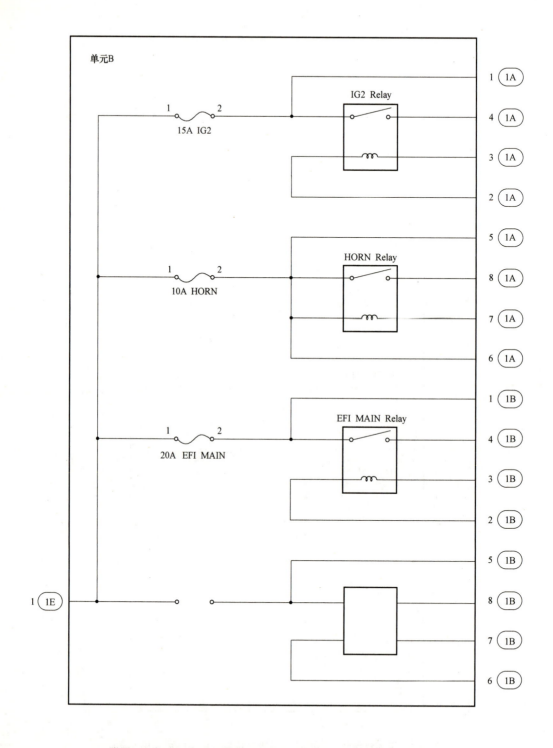

附图5 发动机舱继电器盒和发动机舱接线盒内部电路（单元 B）

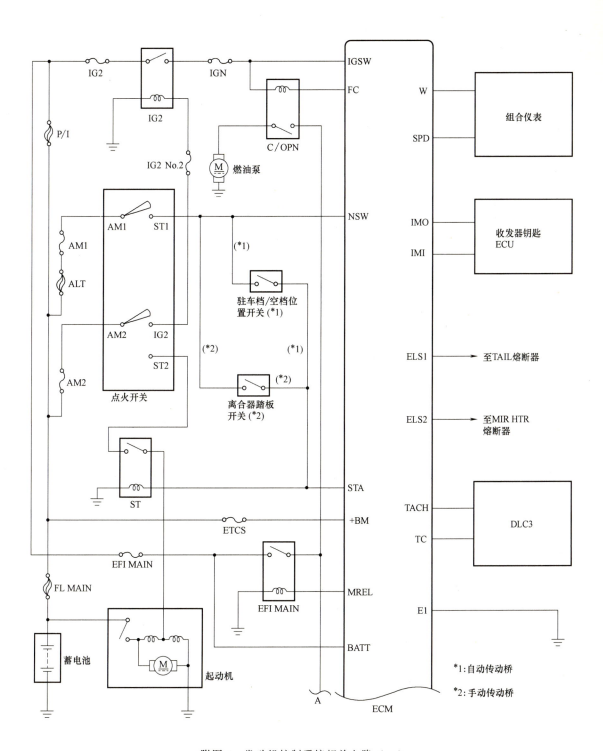

附图6 发动机控制系统相关电路（一）

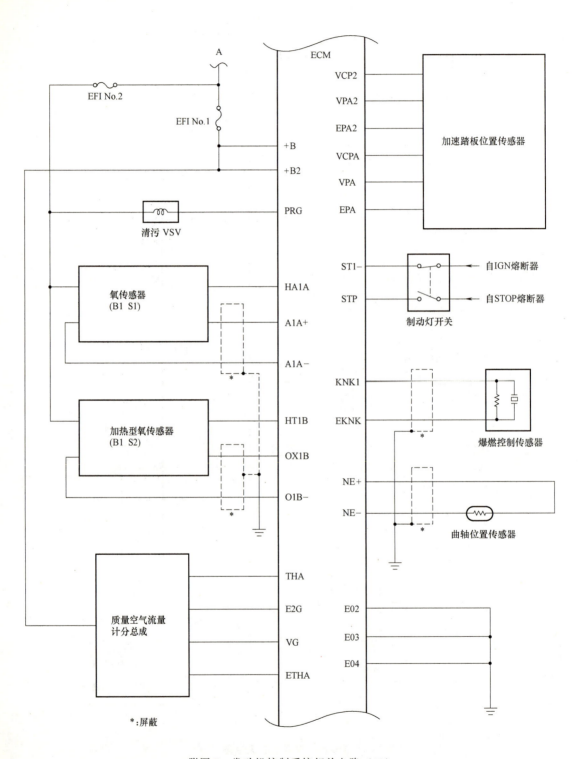

附图7 发动机控制系统相关电路（二）

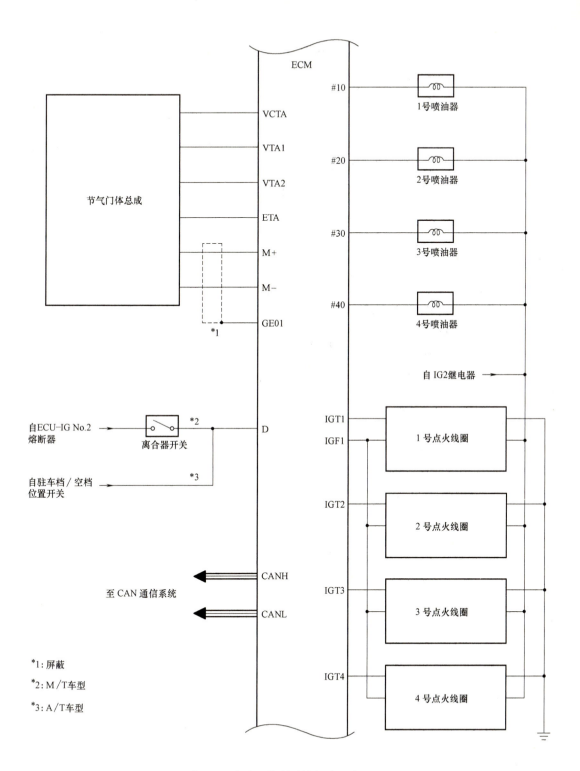

附图 8　发动机控制系统相关电路（三）

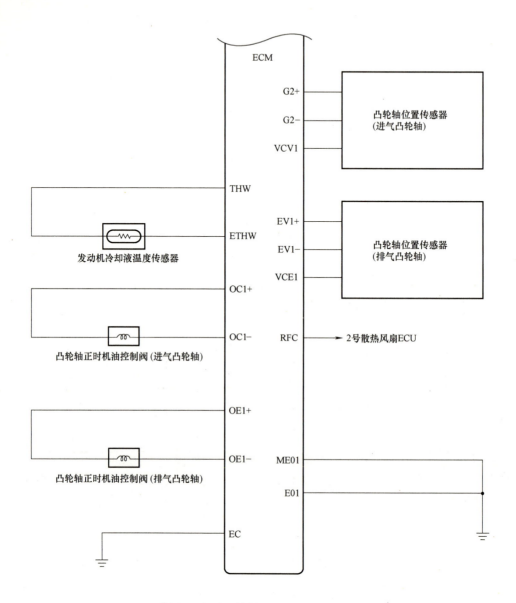

附图 9 发动机控制系统相关电路（四）

参 考 文 献

[1]　陈家瑞. 汽车构造：上册 [M]. 北京：机械工业出版社，2013.
[2]　 颜伏伍. 汽车发动机原理 [M]. 北京：人民交通出版社，2007.
[3]　陈志桓，胡宁. 汽车电控技术 [M]. 北京：高等教育出版社，2008.
[4]　夏令伟. 汽车电控发动机构造与维修 [M]. 北京：人民交通出版社，2002.
[5]　罗灯明. 发动机电控系统故障诊断实训 [M]. 北京：高等教育出版社，2007.